Uwe Böschemeyer · Zu den Quellen des Lebens

Uwe Böschemeyer

Zu den Quellen des Lebens

EDITION LEBENSZEICHEN

Ein ausführliches Stichwortverzeichnis befindet sich am Schluß dieses Buches.

Bildnachweis:
Umschlagbild: M. Ruckszio
Innenbilder: S. 5: M. Will; S. 9: L. Bertrand; S. 21: H. Löber; S. 41: P. Santor; S. 43: T. Krüger; S. 73: W. Söllner; S. 81: E. Burk; S. 97: K. Radtke; S. 107: M. Zimmermann; S. 121: TH-Foto-Werbung; S. 139: U. Kröner; S. 145: J. Armbruster; S. 169: W. Rauch; S. 173: H. Herfort; S. 189: W. Layer; S. 205: Bildarchiv Bertrand; S. 217: R. Haak; S. 233: R. Haak; S. 239: L. Hartmann; S. 249: L. Hartmann; S. 265: St. Lipp; S. 273: W. Rauch; S. 301: P. Jacobs; S. 305: P. Santor; S. 317: M. Zimmermann; S. 337: B. Schellhammer; S. 339: H. Janßen; S. 365: C. Wiertz; S. 371: G. Hettler; S. 397: R. Haak

Die Deutsche Bibliothek – CIP-Einheitsaufnahme

Böschemeyer, Uwe:
Zu den Quellen des Lebens / Uwe Böschemeyer. – Lahr : SKV-Ed., 1995
(Edition Lebenszeichen)
ISBN 3-8256-4054-X Pb.
ISBN 3-8256-4004-3 Gb.

Edition Lebenszeichen
ISBN 3–8256–4004–3 (gebundene Ausgabe)
ISBN 3–8256–4054–X (Paperback)
Bestell-Nr. 94004 (gebundene Ausgabe)
Bestell-Nr. 94054 (Paperback)

Gesamtherstellung:
St.-Johannis-Druckerei, 77922 Lahr
Printed in Germany 4359/1995

Vorwort

Lieber Leser,
vor Ihnen liegt ein Bilderbuch der inneren Welt, das Sie täglich begleiten möchte. Sie finden darin Märchen und Mythen, Träume und Imaginationen, bildhafte Geschichten verschiedener Art. Wir brauchen die Begegnung mit solchen Bildern mehr denn je, weil die Welt, in der wir leben, immer mehr unser Denken beansprucht. Die Folge ist, daß unser Gefühl vernachlässigt wird. Wenn aber Denken und Fühlen nicht mehr in einem ausgewogenen Verhältnis zueinander stehen, kann menschliches Leben nicht mehr gelingen.

Unsere innere Welt ist eine Welt der Bilder. Diese Bilder sind die Gesichter der Gefühle. Gefühle aber, die dunklen wie die hellen, sind die *Basiskräfte* unseres gesamten Lebens. Je weniger bewußt wir mit den *hellen* Kraftfeldern in Berührung kommen, desto weniger leben wir unsere starken Möglichkeiten aus. Je weniger wir uns mit den *dunklen* Kraftfeldern auseinandersetzen, desto mehr machen sie mit uns, was sie wollen. Die Begegnung mit den dunklen Bildern kann allerdings immer nur ein Durch-Gang auf dem Weg zu den hellen, den schöpferischen *Quellen* unseres Lebens sein.

Die in diesem Buch erzählten Geschichten berühren die Seele. Sie geben wichtige Auskünfte über das Wesen des

Menschen. Sie sprechen davon, worauf es im Leben ankommt und worauf nicht. Sie weisen auf d i e Werte hin, die ein Leben gelingen lassen. Sie lassen auch immer wieder ahnen, daß alles, was lebt, einen verläßlichen Grund hat.

Märchen, Mythen, Träume und Imaginationen stammen nicht aus verschiedenen Bereichen, sie alle sind Bilder aus der e i n e n inneren, uns jedoch nicht oder nur wenig bewußten Welt. Sie alle sind Spiegelungen unserer Seele.

Ein Wort noch zu Mythen und Imaginationen: Der Mythos erzählt von der Urzeit. Er erzählt von der Entstehung und dem Aufbau der Welt, von Göttern und Menschen und deren Verhältnis zueinander. Er schildert bildreich die frühmenschlichen Erfahrungen mit der Fülle des Lebens. Die mythischen Geschichten wollen jedoch keineswegs historisch, sondern als Einsichten ins Leben verstanden werden, die für a l l e Zeit Geltung haben. – Imaginationen (imago = Bild) sind, in aller Kürze gesagt, herbeigerufene Träume, in denen ein Mensch die innere Bildwelt nicht nur erlebt, sondern sie auch selber mit- und umgestaltet und so auf sein ganzes Leben Einfluß nimmt. Imaginationen habe ich in den Texten »innere Wanderungen« genannt.

Noch einige formale Dinge. Die meisten Märchen, Mythen, Träume und Imaginationen sind von mir nacherzählt worden. Bei den deutschen Märchen habe ich kaum Hinweise auf deren Herkunft gegeben. Die Imaginationen sind Erfahrungen aus meiner eigenen praktischen Arbeit.

Eine Reihe nicht näher gekennzeichneter bildhafter Geschichten und Märchen stammen auch von mir.
Ich wünsche Ihnen, lieber Leser, daß Sie durch dieses Buch immer neue Zugänge zu Ihrem eigenen inneren Reichtum finden möchten.

Uwe Böschemeyer
Bendestorf, im Februar 1995

Januar

1. Januar
Weg und Ziel

Von seinem Hochsitz aus sah ein Mann in eine weite bunte Landschaft, über der sich ein tief leuchtender Regenbogen wölbte. Der Mann konnte sich nicht sattsehen an den herrlichen Bildern.
Plötzlich erschrak er, denn ihm ging auf, daß er weder einen Weg noch ein Ziel in der Landschaft sah. So sehr er sich bemühte, von seinem Hochsitz aus Weg und Ziel zu erkennen – er fand sie nicht.
Da hörte er eine Stimme, die zu ihm sprach:
»Den Weg für dich wirst du nur finden, wenn du ihn *suchst*. Dein Ziel wirst du nur sehen, wenn du den Weg für dich *gehst*.«
Der Träumer schwieg und hing den Worten nach.
Da hörte er ein zweites Mal die Stimme:
»Es gibt in *deiner* Welt nur *einen* Weg für dich. Und niemand kann ihn gehen außer dir. Doch frage nicht, wohin er dich führt. Geh ihn.«
Der Träumer schwieg wieder. Und während er auch diesen Worten nachhing, durchzog ein schmaler Sonnenstreif das Land vom hohen Norden bis zum tiefen Süden.

Ein Traum

2. Januar
Die innere Welt

Die innere Welt gleicht einer Stadt am Strom, die im Laufe der Zeit an jenem Berge hochgewachsen ist, durch dessen Tal der Strom fließt. Die Häuser in der Oberstadt sind also jünger als die der Unterstadt. Je tiefer du nun in die Stadt wanderst, desto mehr staunst du über die alte Bauweise. Doch obwohl dir vieles fremd scheint, hast du das Gefühl, dort unten am Strom zu Hause zu sein.

U.B.

3. Januar
Woher kommen die Träume?

Träume sind Ur-Phänomene. Sie sind – wie alle anderen inneren Bilder auch – Erscheinungsformen des Lebens, die ebensowenig erklärt werden können wie die Liebe, die Freiheit, die Hoffnung. Sie sind G e g e b e n h e i t e n d e s L e b e n s , die sich den Erklärungswünschen der Menschen im Grunde entziehen.
Aber wie wir die lebendige Wirklichkeit der Liebe, der Freiheit oder der Hoffnung e r f a h r e n können, so auch die der Träume. Doch wenn wir es nicht lassen können, diese Juwelen des Geistes und der Seele zu »hinter«-fragen, dann gleichen wir jenem Musiker, der sich in die Frage verbohrt, warum Musik so tief berührend wirkt. Dann kann es sogar sein, daß sich uns diese Kostbarkeiten ganz und gar entziehen.
Wer wissen will, woher die Träume kommen, der stelle sich ans Meer. Und wenn er dann die wenigen Wellen sieht, die sein Blick vom g r o ß e n Meer erhaschen kann, wird er aufhören, nach der Heimat der Träume zu fragen.

4. Januar
Wo die Schätze liegen

Die Märchen wissen es: Jene Schätze, die das Herz ausfüllen, liegen niemals auf den Wegen, die »alle« gehen. Man findet sie nur, wenn man diese Wege verläßt und, zum Beispiel, in Wäldern und Meeren, auf Gipfeln oder in Höhlen sucht. Denn gerade das ist das Wesen der Schätze, daß sie – zunächst – v e r b o r g e n sind.

5. Januar
Nicht Gold, sondern Geist

Ein armer Künstler verließ seine Heimat und seine Frau, um in der Fremde Geld zu verdienen. Als er dreihundert Goldstücke gespart hatte, machte er sich auf den Heimweg. Er kam an einem Tempel vorbei, in dem gerade eine Opferzeremonie stattfand. Da kam ihm der Gedanke, daß er bislang nur für die Gegenwart, nicht aber für die Zukunft gesorgt hatte. Und so schenkte er all seine Ersparnisse den Mönchen – als Samen für sein künftiges Glück. – Als er nach Hause kam und seiner Frau von seinem Tempelerlebnis erzählte, wurde sie sehr zornig und brachte ihn vor den Richter. Ausführlich schilderte er diesem die Beweggründe für sein seltsames Verhalten und schloß seine Rede mit den Worten: »Als ich den Mönchen alles gegeben hatte, was ich besaß, war mir, als hätte ich Habgier und Geiz vollständig aus meinem Geist verbannt. Da begriff ich, daß wirklicher Reichtum nicht Gold ist, sondern Geist.«
Die Rede fand die Zustimmung des Richters und all jener, die dem Künstler zugehört hatten. Sie halfen ihm mit Geld und Gut. Und so wurde ihm und seiner Frau auch das gegenwärtige Glück zuteil.

Nach einer indischen Legende

6. Januar
Aus einer Rede Elihus

Denn einmal redet Gott und zweimal,
man achtet nicht darauf.
Im Traum, im Nachtgesicht,
wenn auf Menschen Tiefschlaf fällt,
im Schlummer auf dem Lager,
da öffnet er der Menschen Ohr
und schreckt sie auf durch Warnung,
um von seinem Tun den Menschen abzubringen,
den Hochmut aus dem Manne auszutreiben,
seine Seele vor dem Grab zu retten,
sein Leben davor,
in den Todesschacht hinabzusteigen.

Aus Hiob

7. Januar
Stille

Die Märchen wissen es: Wenn Lebens-Entscheidungen bevorstehen, ist es wichtig, sich in die Stille zurückzuziehen.

Die Stille ist der Ort, an dem ein Mensch sich selbst und sein eigenes Wesen spürt, an dem die Seele zeigt, was sie braucht, was sie will und was ihre Aufgabe und Möglichkeit ist. Die Stille ist der Ort, an dem die Seele die Werte fühlt, auf die es in Wirklichkeit ankommt.

8. Januar
Was hindert mich?

An einem trüben Novembertag saß ich bedrückt am Fenster und sah in eine milchige, scheinbar undurchdringliche Nebelwand hinein. Nebelfetzen teilten sich, schmolzen zusammen und zerflossen wieder. Alles war in Bewegung. Immer neue Gestalten, Gesichter, Landschaften bildeten sich vor meinen Augen:
Ein herrliches Pferd lief mir entgegen. Furchtlos schwang ich mich auf seinen Rücken und galoppierte mit ihm davon. – Eine alte Frau lag im Schnee, vor Kälte erstarrt. Ich trug sie nach Haus und wärmte sie mit meinem Körper. – Ein frierendes Kind sah mich mit großen Augen an, die Hände weit vorgestreckt, und wollte meine Nähe. Ich nahm meinen wärmenden Mantel und hüllte das Kind darin ein. – Die Augen eines Ertrinkenden flehten mich um Hilfe an. Ich sprang in die schäumenden Fluten und zog ihn ans rettende Ufer.
Ich erwachte. Ich hatte geträumt. Seither verfolgt mich eine Frage: Was hindert mich zu tun, was meine inneren Kräfte mir zeigen?

Margrit Böschemeyer

9. Januar
Das Größte ist nie leicht erreichbar

Die Märchen wissen es: Die Schlösser, in denen die Prinzessinnen auf die Prinzen warten, sind immer schwer erreichbar. Nur aus der Ferne scheint es so, als ob die Straßen geradewegs ins Innere der Schlösser führten. Doch nähern sich die Prinzen dem begehrten Glück, dann hören sie die Löwen von den Toren her brüllen, dann sehen sie die tiefen Gräben um das Schloß herum und manches andere mehr, was den Eintritt in das Schloß sehr mühsam macht.

10. Januar
Einsicht

Der Krieg zwischen zwei benachbarten Völkern schien unvermeidbar. Da ließen die Feldherrn beider Seiten erkunden, an welchem Grenzort man am leichtesten in das Nachbarland einfallen könnte.
Als die Späher zurückgekehrt waren, berichteten sie übereinstimmend, an jenem Ort wohne ein braver kleiner Bauer mit seiner anmutigen Frau und einem reizenden Kind. Sie hätten einander lieb und seien die glücklichsten Menschen der Welt. Wenn die Soldaten über das Grundstück marschierten, zerstörten sie das Glück der kleinen Familie. Daher könne es keinen Krieg geben.
Dieser Einschätzung stimmten die Feldherrn beider Völker zu, wie jeder begreifen wird, und also fand der Krieg nicht statt.

Nach einem chinesischen Märchen

11. Januar
Sich nicht zu wichtig nehmen

Ein Vogel lag auf seinem Rücken und hielt beide Beine starr gegen den Himmel gestreckt. Ein anderer Vogel kam vorüber und fragte verwundert: »Warum liegst du so da? Und warum hältst du deine Beine so starr?« Da antwortete der erste Vogel: »Ich trage den Himmel mit meinen Beinen. Wenn ich losließe und die Beine anzöge, würde der Himmel herabstürzen.«
Kaum hatte er das gesagt, da löste sich ein Blatt vom nahen Eichbaum und fiel leise raschelnd zur Erde. Darüber erschrak der Vogel so sehr, daß er sich geschwind aufrichtete und spornstreichs davonflog. Der Himmel aber blieb an seinem Ort.

Alte Fabel

12. Januar
Die Wiedergeburt

Ein Vogelkundler entdeckte in einem Hühnerhof einen Adler, den sein Besitzer ein Huhn nannte, weil er ihn zu einem Huhn erzogen hatte. Der vogelkundige Mann widersprach ihm, und so beschlossen beide eine Probe. Der Vogelkundler nahm den Adler, hob ihn in die Höhe und beschwor ihn: »Adler, der du ein Adler bist, breite deine Schwingen aus und fliege!« Doch der blickte umher, sah die Hühner Körner picken und sprang in den Hof zurück. – Am nächsten Tag wiederholte der Vogelkundler seinen Versuch, stieg mit dem Tier aufs Dach des Hauses und erinnerte ihn eindringlich an seine Herkunft, vergeblich. – Ein letztes Mal erlaubte der Hofbesitzer einen Versuch. Der vogelkundige Mann ging mit dem Adler an den Fuß eines Berges, den die Sonne in gleißendes Licht getaucht hatte. Wieder hob er den Vogel hoch und sprach: »Adler, der du ein Adler bist, du gehörst dem Himmel und nicht der Erde. Breite deine Schwingen aus und fliege!« Bewegung ging durch den großen Leib, aber er flog nicht. Da streckte der Mann den Hals des Adlers mitten in die Sonne hinein – der Vogel breitete seine mächtigen Schwingen aus, erhob sich mit einem Schrei und flog der Sonne entgegen.

Nach einem afrikanischen Märchen

13. Januar
Das Weltall in uns

Wir träumen von Reisen in das Weltall.
Ist denn das Weltall nicht in uns?
Die Tiefen unseres Geistes kennen wir nicht.
Nach innen geht der geheimnisvolle Weg.
In uns oder nirgends ist die Ewigkeit mit ihren Welten,
die Vergangenheit und die Zukunft.

Novalis, 1798

14. Januar
Die Kraft des Zorns

Ein König lag schwerkrank darnieder. Er konnte sich nicht mehr bewegen. Alle Behandlungsversuche seiner Hofärzte waren gescheitert. Da ließ der König einen berühmten Arzt holen. Nachdem auch er mit den üblichen Heilmethoden gescheitert war, bat er den König, ihn so behandeln zu dürfen, wie er es persönlich für angemessen hielte. In seiner Not stimmte der hohe Herr zu. – Am nächsten Morgen ließ der Arzt den König mit dessen schnellsten Pferden zu einem berühmten Badeort bringen und in ein Bad legen. Und dann begann die Kur, durch die der kranke Herrscher rasch gesundete: Der Arzt stellte sich vor ihn, beschimpfte und beleidigte ihn mit den wüstesten Worten. Der König begann sich zu bewegen. Daraufhin zog der Arzt ein Messer und drohte, ihn umzubringen. Da gab zunächst die Furcht dem Kranken die Kraft, aufzustehen und zu fliehen. Und weil der Arzt die Verfolgung der königlichen Diener fürchtete, floh auch er. Nach einiger Zeit brach der König ohnmächtig zusammen. Als er jedoch erwachte, bebte er vor Zorn, schrie nach dem Diener, schwang sich auf sein Pferd und ritt zu seinem Palast zurück, wo er von seinen Untertanen jubelnd empfangen wurde.

Nach einer orientalischen Erzählung

15. Januar
Was die innere Kälte überwindet

Ob es etwas gibt, das die innere Kälte eines Menschen eher überwinden könnte als die Liebe eines anderen?
Einst, so erzählte Hans Christian Andersen, fertigte der Teufel einen Spiegel, der nur das Lächerliche und Mangelhafte wiedergab, das Schöne und Gute aber gar nicht zeigte oder verkleinerte. Als der Teufel Gott den Spiegel zeigen wollte, zersprang er. Und das hatte Folgen: Die Menschen, die von einem der zahllosen Splitter ins Herz oder in den Kopf getroffen wurden, konnten nur noch das Negative sehen. Zu ihnen gehörte auch der kleine Kay, dessen Herz zu einem Eisklumpen gefror. Sogleich begann er, mit seiner Freundin Gerda zu streiten. – Eines Tages war der Junge verschwunden. Die Schneekönigin hatte ihn in ihren Eispalast holen lassen. Da suchte Gerda ihren Freund und fand ihn schließlich, nachdem sie viele Abenteuer hatte bestehen müssen. Doch als sie ihn traf, beachtete er sie nicht, und sie begann zu weinen. Ihre Tränen fielen auf seine Brust und drangen in sein Herz, so daß das Eis in ihm auftaute. Da begann auch er zu weinen, und er weinte so sehr, daß seine Tränen den unseligen Spiegelsplitter aus seinem Auge wuschen und sein Blick wieder frei wurde für diese schöne Welt.

16. Januar
In allen Dingen

Schläft ein Lied in allen Dingen,
die da träumen fort und fort,
und die Welt hebt an zu singen,
triffst du nur das Zauberwort.

Joseph von Eichendorff

17. Januar
Wenn Unwichtiges zu wichtig wird

Immer, wenn auf den Versammlungen der inneren Welt (sie finden nach Meinung des Herzens und des Humors viel zu häufig statt) die Gespräche wieder einmal schwierig und ausweglos erscheinen, sehen sich die beiden häufig an und treiben miteinander ein wortloses, aber beredtes Spiel. Da dieses stumme Spiel im Laufe der Jahre nicht unentdeckt geblieben ist, hat sich unter den anderen Bewohnern der inneren Welt der Eindruck festgesetzt, die beiden nähmen vieles von dem, was mit großem Ernst besprochen wird, nicht so ernst.
Dieser Eindruck trügt nicht. Denn wenn das Herz und der Humor in der Pause ein wenig abseits stehen, fragt jedesmal das Herz den Humor: »Sag, was hat dich eben so erheitert?« Und der Gefragte antwortet, wobei sein ganzes Gesicht hell aufstrahlt: »Verzeih mir, doch das Lachen kommt mir häufig, wenn Unwichtiges zu wichtig wird.«
Dann fragt der Humor das Herz: »Und du? Worüber hast du dich eben so gefreut?« Und das Herz antwortet jedesmal wieder, als ob es diese Antwort nicht häufig genug geben könnte: »Über dich, mein Freund, über dich – und deine Liebe zum Leben.«

U.B.

18. Januar
Wie man Geschichten erzählen soll

Wie man Geschichten erzählen soll? So, daß sie einem selbst helfen.
Eine chassidische Legende erzählt von einem alten lahmen Mann, der gebeten wurde, eine Geschichte von seinem früheren Lehrer zum besten zu geben. Da erzählte er, auf welche Weise der große Baalschem zu tanzen und zu hüpfen pflegte. Die Geschichte riß den alten Mann so hin, daß er aufstand und selbst so zu tanzen und zu hüpfen begann, wie er es an seinem alten Lehrer gesehen und erlebt hatte – und war befreit von seiner Lähmung.
So soll man Geschichten erzählen!

19. Januar
Die Heimat der Perlen

Eine schöne, aber neugierige Perle, die tief auf dem Meeresgrund ihre Heimat hatte, löste sich eines Tages von ihrem Ort und glitt durch die Fluten hoch an die Oberfläche des Wassers. Alles um sie herum schien in Bewegung: das Wasser, durch das sie nach oben getragen wurde, die Farben, die ständig von hell bis dunkel wechselten, und auch die Temperaturen, die sich immer wieder veränderten. Alles, was sie erlebte, war aufregend neu für sie. Das Schönste jedoch war der Tanz auf den Wellen. Immer wieder hielt sie auf der Spitze der Wogen einen Augenblick inne und stürzte sich jauchzend in die Täler zurück. Als es dunkel wurde und sie vom Treiben an der Oberfläche ermüdet die Augen schloß, wurde sie von einem Paradiesvogel an den Strand getragen. Doch da flehte sie ihn an: »Wirf mich ins Wasser zurück. Ich habe genug von der Oberfläche erfahren. Ich möchte zurück in die Tiefe, denn in der Tiefe bin ich zu Hause.«
Niemand jedoch hat je erfahren, ob sie ihre Heimat wiederfand.

Margrit Böschemeyer

20. Januar
Maßlosigkeit

Der Grund, warum die Zigeuner sich nach den Tälern sehnen, wenn sie in den Bergen sind, und sich nach den Bergen sehnen, wenn sie durch Täler ziehen, ist bekannt. Ein alter Zigeuner wußte davon – aus einem uralten Märchen:

Die Zigeuner waren einmal Vögel, und sie genossen es, dorthin fliegen zu können, wohin sie wollten. Auf einer Rückreise aus Afrika geschah es dann: Die Vögel waren müde und hungrig und sahen unter sich ein herrliches Feld mit zahllosen Körnern. Sie ließen sich nieder und fraßen so lange, bis sie nicht mehr auffliegen konnten. Auch die nächsten Tage ließen sie nicht vom Fressen ab. Nach einiger Zeit hatten sich ihre Flügel zu Armen und ihre Beine zu Stämmen entwickelt. So endete ihre Vogelfreiheit. Sie wurden Zigeuner.

Daran jedoch zweifelt der alte Erzähler nicht: daß der Tag kommen wird, an dem die Zigeuner wieder Vögel sein werden – und also frei und unabhängig.

21. Januar
Kein guter Entschluß

Als der Vogel der Hoffnung von seinem Höhenflug nach Hause kam und seinen bedrückten Geschwistern freudig das Lied vom aufgehenden Licht singen wollte, verboten sie ihm den Schnabel. Sie hatten gerade beschlossen, dem Vogel der Angst Gehör zu schenken. Der Grund? Sie hielten ihn für erfahrener.

22. Januar
Überwundener Verlust

Eine nicht mehr ganz junge Frau sah in einem tieferliegenden Raum auf ihre vergrabenen Wünsche. Deutlich fühlte sie, daß sie keinen Zugang mehr zu ihnen finden würde. Traurig sah sie auf das versunkene Gelände.

Plötzlich war sie von Rosenduft umgeben. Den Duft strömte ein Rosenstock aus, der ganz in ihrer Nähe stand. Viele andere Rosen wuchsen nach und überwuchsen den gesamten Raum der vergrabenen Wünsche.

Während sie staunend diese Veränderung erlebte, näherte sich ihr ein Festzug. Menschen forderten sie fröhlich auf, mitzukommen. Der Zug endete in einem wunderschönen Festsaal.

In dessen Mitte hing ein großes goldenes Kreuz, das von oben in den Saal eingelassen worden war. Alle Festzugteilnehmer begannen zu tanzen. Sie tanzten um das goldene Kreuz herum den großen »Reigen des Lebens«. Und während sie sich um das Kreuz herum wiegten, strömte dieses zarte Wasserperlen aus, die alle einen einzigen Namen trugen: Liebe.

Aus einer »inneren Wanderung«

23. Januar
Wer Leben nur erkennen will

Wer sich vor allem damit befaßt, alles erkennen und verstehen zu wollen, bevor er handelt, sichert sich auf gefährliche Weise im Leben gegen das Leben ab. Denn wer sich nicht dem Leben aussetzt, den setzt das Leben aus. Das zeigt auf beeindruckende Weise der Traum eines jungen Mannes:
Er ist zu einem Fest geladen. In einem großen, wunderschön geschmückten Raum feiern die anderen Gäste fröhlich miteinander. Nur er steht abseits. Nur er scheint sich nicht wohlzufühlen. Da fällt sein Blick auf einen hohen, silberfarbenen Baum, der mitten im Raum steht. Der Träumer folgt seinem Wunsch, auf den Gipfel des Baumes zu steigen, um von oben »alles« überblicken zu können. Es gelingt ihm, bis zur Mitte zu klettern. Dann sitzt er fest. Alle Bemühungen, weiter nach oben oder wieder nach unten zu steigen, scheitern. Da sitzt er nun in seinem »Baum der Erkenntnis«, wie er ihn nennt, sieht nach unten auf die muntere Gesellschaft, sieht nach oben auf den vom Silberlaub bedeckten Wipfel – und ist unglücklich. Erst nach längerer Zeit befreien ihn freundliche Menschen aus seinem Baumgebüsch.

24. Januar
Das Geheimnis der Kinder

Als die einfallsreichsten Wesen der inneren Welt gelten die Sorgengeister, die überall auf den Straßen der inneren Stadt zu sehen sind. Man erkennt sie schon von weitem an ihrer dünnen Gestalt und ihren farblosen Gewändern. Die meisten anderen Wesen haben Respekt vor ihnen, nur die inneren Kinder nicht. Sie haben nämlich ein Geheimnis: Wenn ihnen ein Sorgengeist entgegenkommt, laufen sie einfach in ihn hinein, und dann löst er sich auf. Selbstverständlich haben die Kinder ihr Geheimnis längst den Erwachsenen anvertraut. Die Großen sagen jedoch immer nur, solche Geschichten seien nichts als Märchen.

U.B.

25. Januar
Die inneren Feinde

Zu den bedrückendsten Geheimnissen des Menschen gehört die Möglichkeit, daß er sein eigener Feind sein kann. Die Märchen, Mythen, Träume und inneren Bilder – die Spiegelungen der menschlichen Seele – wissen davon viel. Sie beschreiben diesen Feind in Gestalt von Hexen, Gnomen, Monstern und anderen Figuren, die alles unternehmen, um die Glückssucher von ihren Wegen abzubringen. Die inneren Feinde bedienen sich vieler Mittel: der Gewalt und der Lüge, scheinbarer Güte und scheinbarer Moralität und vieler anderer Dinge mehr.
Wenn man gegen sie bestehen will, dann muß man ihre Namen kennen. Denn dann verlieren sie ihre Macht.

26. Januar
Alp- und Wunschträume

Einst stritten ein Alptraum und ein Wunschtraum darüber, welcher von beiden der Wichtigste sei. Der erste warf dem zweiten vor, er führe die Menschen nur auf glatte Wege. Der Wunschtraum dagegen hielt dem Alptraum vor, er verbreite in den Träumern so viel Angst, daß sie dem Leben nicht vertrauen könnten.
Der Weisheitstraum, der aus einiger Entfernung den Streitenden zugehört hatte, gesellte sich zu ihnen und sagte nur: »Wenn die Menschen ihre verborgenen Wünsche nicht mehr fühlen könnten und auch nicht ihre verborgene Angst, dann wären sie wie Zugvögel, die das Sonnenland vergessen haben, und wie Rehe, die die Jäger nicht mehr spüren.«
Die beiden Träume verstanden, was der weise Traum ihnen hatte sagen wollen, und begruben ihren Streit.

U.B.

27. Januar
Innere und äußere Helligkeit

Merk-würdig: Immer dann, wenn in der inneren Welt ein in Not geratener Wanderer das Licht sucht, sich ins Licht stellt und sich ihm öffnet, wird es nicht nur hell und warm in ihm selbst – auch das Leben um ihn herum gewinnt an Helligkeit und Wärme.

28. Januar
Lachen gegen tragisches Gebaren

Auf einer inneren Wanderung zum »Ort des Humors« sieht sich ein Mann in einem großen Spiegel und schaut in sein tragisches Gesicht. Die Augen sind trübe, die Mundwinkel tief nach unten gezogen. Selbstmitleid überzieht seine Seele.
Da hört er ein helles Lachen. Er blickt zur Seite und entdeckt einen jungen Affen, der wie gebannt auf das Spiegelbild des Menschen sieht. Der Affe lacht und lacht und scheint nicht genug über das komische Menschenkind lachen zu können.
Einen Augenblick nur ist der Mann verärgert, dann hat ihn die Lachwelle erreicht. Nun lacht auch er. Er lacht über sich selbst. Dann nimmt er den Affen auf den Arm, und beide sehen im Spiegel die fröhlichsten Gesichter der Welt.

Aus einer »inneren Wanderung«

29. Januar
Unnötiger Zusammenbruch

Einige Zeit vor seiner Einlieferung ins Krankenhaus hatte der erfolgreiche Mann diesen Traum gehabt:
Auf einer spiegelblanken Eisfläche lief er mit seinen Schlittschuhen herrliche Figuren und Bögen. Die phantastische Vorführung beendete er mit einer Pirouette. Schneller und immer schneller drehte er sich um seine eigene Achse – bis er zusammenbrach.

30. Januar
Wie man inneren Bildern begegnen soll

Die Begegnungen der Menschen mit Märchen, Träumen und auch allen anderen inneren Bildern zeigen es immer wieder:
Nur wer sich ihnen öffnet,
dem erschließen sie sich.
Nur wer ihnen Vertrauen schenkt,
dem zeigen sie ihre innere Wirklichkeit.
Nur wer tut, was sie ihm sagen,
dem begegnet ihre lebensverwandelnde Kraft.
Nur wer sie immer wieder sucht,
dem weitet sich die Welt.

31. Januar
Geschenktes Vertrauen

Ein älterer Mann, der aufgrund innerer und äußerer Nöte nicht mehr ein noch aus wußte, empfing diesen Traum: Er ging durch dunkle Straßen. Immer wieder stieß sein Fuß an einen Widerstand. Plötzlich brach der Weg ab. Ein tiefer Abgrund tat sich vor ihm auf. Panik überkam ihn. Er wollte umkehren, doch auch der Rückweg war versperrt. Wieder kehrte er um, und wieder stand er vor dem Abgrund. Da geschah es: Wie von unsichtbarer Hand gezogen, machte er einen Schritt nach vorn – scheinbar in die gähnende Tiefe hinein. Er fiel n i c h t. Unter ihm hatte sich ein Stück Weg gebildet. Und mit jedem weiteren Schritt bildete sich ein neues Stück Weg. Was geschah, konnte er kaum fassen.
Rascher und rascher wurden seine Schritte. Bald hatte er den Abgrund, der keiner mehr war, überwunden – und stand im frischen Licht der aufgehenden Sonne.

Februar

1. Februar
Die Wertfrage

Ein König hatte drei wunderschöne Töchter. Doch weil er sie alle drei gleich liebte, konnte er sich nicht entscheiden, welcher von ihnen er einmal sein Reich überlassen sollte. Da entschied er, die Tochter solle seine Nachfolge antreten, die ihm das wertvollste Geschenk machte. Die erste schenkte ihm einen zauberhaft singenden Vogel in einem silbernen Käfig, die zweite einen seidenen Mantel, der mit Pelz besetzt war. Der König war begeistert. Doch erbost zeigte er sich, als ihm die jüngste, die heimlich als Köchin in der Hofküche die herrlichsten Speisen zubereitete, eine kleine Salzdose überreichte. Er jagte sie fort.
Der Tag kam, an dem die älteste Tochter verheiratet wurde. Vorzüglich waren die Speisen, die den Gästen serviert wurden. Nur der König war empört. Sein ungesalzenes Essen mundete ihm ganz und gar nicht. Er ließ die Köchin rufen und schrie sie an: »Wie konntest du das Wertvollste vergessen?« Da antwortete sie leise: »Vergessen habe ich das Salz nicht.« Da sah der König in ihr Gesicht und erkannte seine jüngste Tochter. Und er begriff, was sie ihm einst hatte schenken wollen. Fortan fand sie Platz an seiner Seite.

2. Februar
Was wirklich Wert hat

Ein Hirsch stand an einem See und sah voll Stolz auf sein Spiegelbild, das ihm sein herrliches Geweih zeigte. Nur fand er, daß seine Beine zu dünn wären und nicht zu seiner gewaltigen Erscheinung paßten.
Da näherte sich ihm ein Löwe und begann ihn zu jagen. Der Hirsch gewann dank seiner schnellen Beine an Vorsprung und wollte sich in einen Wald retten. Dort verfing er sich jedoch mit seinem herrlichen Geweih in einem Baumast und konnte nicht weiterlaufen. Als der Löwe über ihn herfiel, begriff er etwas Wesentliches leider zu spät: daß oft gerade das Wertvollste im Leben am wenigsten geschätzt wird.

3. Februar
Respekt vor natürlichen Grenzen

Asklepios, der Gott der Gesundheit, der Heilung und der Medizin, war ein solcher Künstler in seinem Fach, daß er es wagte, einen Toten zum Leben zu erwecken. Diese Handlung war für Zeus, den Göttervater, nichts als Übermut, und so vernichtete er den Heilsgott mit einem Blitz. Kann es sein, daß diese alte Erzählung uns neue Fragen aufgibt?

Aus dem alten Griechenland

4. Februar
Die verkaufte Seele

Eine Frau suchte das Glück. Auf ihrer Wanderung traf sie einen Zwerg, später einen Riesen und schließlich eine alte Frau. Alle drei waren bereit, ihr den Weg zum Glück zu zeigen, doch alle verlangten für ihre Dienste einen Teil ihrer Seele. Und sie gab ihnen, was sie verlangten.
Nach einiger Zeit gelangte sie an ihr Ziel. Sie stand vor einem wunderschönen Haus, das die Gestalt eines Herzens hatte. Als sie jedoch ihr »Glückshaus« betrat, fand sie darin – nichts.

Aus einer »inneren Wanderung«

5. Februar
Wessen Gitter?

Ein im Zoo aufgewachsener Tiger lief unruhig an den Gitterstäben hin und her, hin und zurück. Er war heute so unruhig, weil ihn eine Frage quälte, auf die er keine Antwort wußte. Fast hätte er die Menschen gefragt, die vor seinem Käfig standen, tat es jedoch nicht, da er ihnen nicht vertraute.
Und welche Frage beschäftigte ihn so sehr? Die, wem das Gitter gehörte, das ihm so wenig Raum zum Leben ließ: ihm – oder den Menschen.

U.B.

6. Februar
Das wiedergefundene Kind

Ein lebenstüchtiger Mann beklagte seine häufige Traurigkeit und konnte dafür keinen Grund angeben. Seiner Meinung nach hatte er Anlaß genug, mit seinem Leben sehr zufrieden sein zu können.

Da stößt er auf einer »inneren Wanderung« auf das Grab seines Vaters und sieht in dessen Sarg ein lebendiges, rotes Herz liegen. Er hebt es auf, öffnet es und sieht darin sich selbst als achtjährigen Jungen (in diesem Alter starb sein Vater). Auf dem Gesicht des Kindes liegt ein großer Ernst. Fürsorglich nimmt der Mann den Jungen in seine Arme, streichelt und küßt ihn. Ganz allmählich weicht der Ernst einem zarten Lächeln, das sich langsam über das Gesicht ausbreitet und sich zu einem Strahlen ausweitet. Voll Glück erlebt der Mann die Veränderung. Dann geschieht das für ihn Seltsame und kaum Faßbare: Das strahlende Kind wächst in ihn hinein und füllt nach und nach sein ganzes Herz aus. Und deutlich fühlt er es: daß er das Kind in sich selbst wiedergefunden hat.

7. Februar
Der Weg der Klarheit

Die Straßen und Wege dieser Welt, auf denen die Menschen gehen, laufen, eilen oder auch einfach stehenbleiben, erleben viel. Am meisten aber erleben die Scheidewege.

In einer Nacht, in der die Welt zur Ruhe gekommen war, kamen sie miteinander ins Gespräch. Ein Weg, der den Namen »Vorsicht« trug, berichtete, die meisten Menschen, die ihn bewanderten, seien nicht vor-sichtig, sondern ängstlich. Ein anderer, »Wagnis« genannt, wußte, daß die meisten, die auf ihm gingen, ängstlich und mutig seien. Ein dritter – er trug den Namen »Klarheit« – sagte, ihm falle auf, daß die Menschen, die ihn wählten, längere Zeit nachdächten, ehe sie sich für ihn entschieden, dann aber sicheren Schrittes gingen. Nach dieser Rede schwiegen die anderen Wege, weil sie noch einmal neu über die Menschen nachdenken wollten.

U.B.

8. Februar
Die Gunst der Reue

Die Märchen wissen es: Nicht alle Fehler, die die Wanderer auf ihren Wegen zum Glück begehen, sind für den ganzen Lebensweg bestimmend. Oft erhalten die Wanderer Möglichkeiten, wieder auszugleichen, worin sie fehlten. Doch die Bedingung ist, daß sie bereuen, was sie taten, und betrauern, daß sie zuwenig liebten.

9. Februar
Auf den Widersacher zugehen

Eine merk-würdige Erfahrung aus »Wanderungen durch die innere Welt«:
Wenn ein Wanderer auf seiner inneren Reise
einem großen, starken Widersacher begegnet,
einem Riesen etwa oder einem mächtigen Vater,
dann wird der Widersacher häufig kleiner
und der Wanderer größer.
Das geschieht jedenfalls immer dann,
wenn der Wanderer
vor dem scheinbar Unbezwingbaren
n i c h t a u s w e i c h t, sondern –
auf ihn z u g e h t.

10. Februar
Das verständnisvolle Herz

Aufruhr herrschte in der inneren Welt. Die Wut hatte wieder einmal einen ihrer gefürchteten Ausbrüche. Von ihrem Haus aus bewarf sie die Anwohner mit allem, was sie gerade vorfand. Niemand, der in ihre Nähe kam, war vor ihr sicher.

Der Wut mußte Einhalt geboten werden. Denn wenn sie mit ihren gewaltsamen Aus-Würfen nicht aufhörte, würde vielleicht die gesamte innere Welt zerstört werden.

Da rief jemand aus: »Laßt das Herz kommen! Wer außer ihm wüßte in solchen Lagen Rat?«

Das Herz führte die Wut vor einen großen Spiegel, in dem sie ihr eigenes Gesicht erblickte. Sie erstarrte. Lange blieb sie dort stehen. Als sie sich endlich umdrehte, sah sie in das Gesicht des Herzens. »Verachtest du mich nicht?« fragte die Wut, als sie sich beide gesetzt hatten. Das Herz schüttelte kaum merklich den Kopf. Es hatte in ihren Augen die Traurigkeit gesehen.

U.B.

11. Februar
Zuerst die Erde, dann der Himmel

Saadi, ein bekannter persischer Dichter, erzählte die folgende Parabel:
Als ein Astrologe nach Hause kam, sah er auf dem Diwan einen fremden Mann neben seiner Frau sitzen. Die Empörung des Hausherrn war groß. Voll Wut beschimpfte er die beiden.
Ein Weiser, dem er von diesem Vorfall berichtete, sagte nur: »Was weißt du, welches Schicksal sich oben am Himmel zusammenbraut, wenn du noch nicht einmal weißt, was sich in deinem Haus zuträgt?«

12. Februar
Was man wissen sollte

Für alle Lebewesen auf der Erde ist es wichtig, dann und wann den Himmel mit seinem herrlichen Sternenlicht anzuschauen. Es könnte sonst sein, daß sie ihren Ursprung vergäßen.
Manche Tiere, vor allem die kleinsten, können den Himmel leider nicht unmittelbar sehen. Deshalb sind sie darauf angewiesen, daß sie ihn auf andere Weise zu Gesicht bekommen. In der Tat gibt es für sie eine solche Möglichkeit. Sie ist hierzulande wenig bekannt, und deshalb steht auch nichts darüber in den Lehrbüchern geschrieben.
Also: Immer dann, wenn der Mond am Himmel steht, wandern die kleinsten Tiere zum Pfau und bestaunen sein ausgefächertes Rad. Und wenn sie darauf sehen, erkennen sie in diesem Rad das sternenübersäte Firmament. Dann staunen sie und freuen sich und wissen wieder, daß auch sie eine himmlische Heimat haben.

U.B.

13. Februar
Das Lied des Verstehens

Einst lebte ein Volk an den Ufern eines großen Meeres. Zweimal im Jahr fuhren die Männer zur See und erlegten einen Wal, feierten ein Fest und sangen Lieder des Danks aufs Meer hinaus. Irgendwann änderte sich das Leben des glücklichen Volkes. Händler kamen und boten viel Geld für viele erlegte Wale. Die alten Gesänge wurden vergessen. – Eines Abends erzählte eine alte Frau von den alten Überlieferungen des Volkes. Alle lachten, nur zwei junge Männer hörten ihr betroffen zu. Am nächsten Morgen fuhren die beiden aufs Meer hinaus. Einer von ihnen setzte seine Flöte an die Lippen, und eine feine Melodie legte sich auf die Wellen. Die beiden vergaßen die Zeit. Irgendwann hörten sie aus der Tiefe des Wassers nie gehörte Töne, die sich mit dem Wellenton vereinigten. Dann tauchte er empor, der Wal, legte sich still neben das Boot der beiden Menschen und öffnete mit seinem Gesang die Herzen seiner Freunde. Er sang die Geschichte seines Volkes, die Lieder von Tod und Hoffnung. Das Tier und die Menschen weinten und freuten sich miteinander. Als die beiden zurückfuhren, spielte einer von ihnen das Lied des Verstehens, das weit und klar über das Wasser hallte.

Nach: H. Körner und R. Kübler,
Wieviele Farben hat die Sehnsucht

14. Februar
Die eine Quelle

Ein verzagter Mönch fragte einen lebenserfahrenen Bruder, was er nur tun könne, um mit seinen lästigen Gedanken besser umgehen zu können. Da antwortete der Alte: »Kämpfe nicht gegen alle Gedanken, sondern nur gegen e i n e n. Denn alle lästigen Gedanken haben eine e i n z i g e Quelle. Deshalb kommt es darauf an, diese Quelle zu suchen, darüber nachzudenken und daraus Schlußfolgerungen zu ziehen. Danach werden auch die übrigen Gedanken so fließen, wie sie es sollen.«

Weisheit aus der Wüste

15. Februar
Zwischen Tag und Traum

Es gibt auch innere Bilder zwischen Tag und Traum. Doch werden auch sie, wie die Märchen und Träume, in der inneren Welt geboren. Manchmal begegnen sie uns dort, wo wir sie am wenigsten erwarten:
August Kekule, der Begründer der organischen Chemie, machte in der Mittagshitze auf dem Dach eines zweistöckigen Omnibusses in London seine große Entdeckung. Er beschäftigte sich gerade mit chemischen Formeln, als er vor seinem inneren Auge eine Reihe kleiner Männlein sah. Sie hielten sich an der Hand. Plötzlich gingen das erste und das letzte Männlein aufeinander zu. Kekule hatte die Ringformel entdeckt.

16. Februar
Wenn es Gottes Wille ist

Ein indischer Landmann besaß einen herrlichen Garten, in dem er ein Rosenbeet angelegt hatte, dem seine ganze Freude galt. Ohne zu wissen, was sie tat, baute eine Nachtigall darin ihr Nest und verletzte dabei eine Rose. Da wurde der Bauer sehr zornig, breitete ein Netz über den Weg, streute Körner darauf, fing den Vogel und sperrte ihn in einen Käfig. Die Nachtigall war tief betrübt. – Nach einiger Zeit sprach sie mit dem Landmann über ihre Traurigkeit. Und was sie sagte, rührte ihn so an, daß er sie in die Freiheit entließ. Weil sie sich ihm erkenntlich zeigen wollte, eröffnete sie ihm ein Geheimnis. Sie erzählte ihm, daß unter dem Baum, unter dem er stehe, ein mit Goldmünzen gefüllter Wasserkrug vergraben sei. Nachdem er den Schatz gefunden hatte, sprach er zu ihr: »Mich wundert, daß du den Krug unter der Erde zu sehen vermochtest, nicht aber die Schlinge, die dich fing.« – Da gab ihm die Nachtigall die hintergründige Antwort:
»Wenn es Gottes Wille ist, dann schwindet das Licht aus dem Auge der Weisheit, und die Beratung des Verstandes bringt keinen Nutzen mehr.«

Nach einem indischen Märchen

17. Februar
Unerwartete Befreiung

Ein Mann blickte auf sein Leben zurück und erkannte, daß er sein Glück auf dem Unglück anderer aufgebaut hatte. Er fühlte sich schuldig, wußte jedoch nicht, wie er mit seiner Schuld »fertig werden« sollte. Zur Religion hatte er keinen Zugang.

Da begegnete ihm – auf einer »inneren Wanderung« – Maria. Zunächst war ihm diese Begegnung peinlich. Dann aber sah er die Gottesmutter aufmerksam an. Sie war doppelt so groß wie er, so daß er sich ihr gegenüber klein fühlte. Doch schwand dieses Gefühl zunehmend, weil ihre Schönheit und vor allem ihre Güte ihn überwältigten. Unverwandt sah er in ihre Augen, in Augen, wie er sie nie zuvor gesehen hatte. Voll Vertrauen ging er auf sie zu. In dem Maße aber, in dem er auf sie zuging, wurde sie kleiner und glich sich seiner Größe an.

Sein Herz wurde warm, weit – und sehr leicht. Es schien ihm, als würde er von neuem geboren.

18. Februar
Ein menschlicher Gott

Dionysos ist ein Gott der Seele und der Seelen, dem Jenseits und den unterirdischen Göttern verbunden. Geheimnisvoll und vielgestaltig ist sein Wesen.
Ausgelassen und fröhlich kann er sein, dann wieder tief melancholisch. Und immer wieder kommt es vor, daß seine Macht ihn gar zu Raserei und Wahnsinn verführt.

Aus dem alten Griechenland

19. Februar
Sich bewahren können

Ein Mann hatte drei Söhne. Und weil er alle drei gleich liebte, wußte er nicht, wem er sein Haus vererben sollte. Also beschloß er, sie in die Welt zu schicken und sich für den zu entscheiden, der das beste Meisterstück machen würde. Als sie zurückgekehrt waren, führten sie dem Vater vor, was sie gelernt hatten.

Während sie zusammensaßen, kam ein Hase übers Feld gelaufen. Der Bruder, der Friseur geworden war, ergriff Becken und Seife und rasierte den Hasen im vollen Lauf. Ein Pferdewagen kam daher gejagt. Der Hufschmied sprang dem Wagen nach, riß dem Pferd die Hufe ab und schlug ihm im vollen Galopp vier neue an. Beide hatten in der Tat ihren Beruf meisterlich erlernt.

Plötzlich begann es zu regnen, ja es schien, als ob der Himmel die ganze Erde bewässern wollte. Da ergriff der dritte Bruder seinen Degen, schwang ihn schneller und schneller – und blieb trocken, als säße er im Hause. Ihn setzte der Vater als Erben ein, weil er imstande war, das Haus seines Lebens zu bewahren.

20. Februar
Die Dummheit in der Habgier

Ein alter Wolf verkleidete sich eines Tages mit einem Schafsfell, um leichter an seinen Leckerbissen herankommen zu können. Er ließ sich vom Hirten in den Pferch sperren und wartete auf die Dunkelheit.
Nun sollte ausgerechnet an diesem Abend auf dem Bauernhof ein Fest gefeiert werden. Einer der Männer wurde beauftragt, das größte Schaf zu schlachten. Da nahm das, was man nicht Schicksal nennen darf, seinen Lauf: Weil das große Tier sein Schafsfell noch nicht abgelegt hatte, hielt der Mann den Wolf für das geeignete Schaf. Er wurde geschlachtet und – als Braten serviert.

21. Februar
Gegen den Strom

Im Traum gelangt ein Mensch zu einem Wildbach, der sich durch tiefe Schluchten hindurch seinen Weg ins Tal bahnt. Unschlüssig bleibt er stehen. Er weiß nicht, wohin er gehen soll. Da hört er eine mächtige Stimme, die von den Felsen widerhallt: »Willst du die Quelle finden, dann wandere gegen den Strom.«

22. Februar
Die liebevolle Verfolgung

In einem Traum ging ein Mann sehnsüchtig gestimmt durch blühendes Land. Er suchte etwas oder jemanden, er suchte die Liebe. Da hörte er hinter sich zarte, immer rascher werdende Schritte. Er erschrak und lief, ohne sich umzuwenden, davon. Sein Verfolger ließ sich jedoch nicht abschütteln. Irgendwann ließen die Kräfte des Mannes nach, und er blieb stehen.

Zögerlich drehte er sich um und sah in die Augen eines Kindes. Das Kind lachte ihn an, zunächst eher scheu, dann strahlend. Unverwandt sah der Mann in das Gesicht, das ihm nicht unvertraut erschien.

Dann erkannte er es: Es war sein eigenes vergessenes, doch noch immer lebendiges Gesicht.

23. Februar
Mit sich eins waren schon die Götter nicht

Zweiseitig ist das Wesen der Menschen. Sie lieben und sie hassen, sie trauern und sie freuen sich. Das alte Griechenland sah dieses auseinanderstrebende Verhalten schon in den Göttern angelegt:
Artemis zum Beispiel beschützte die Tiere, die Kinder und gebärende Frauen. So zärtlich sie sich jedoch um die Schwachen bemühte, so unerbittlich grausam konnte sie gegen ihre Gegner sein. Als Orion sich einst erdreistete, sich mit ihren Jagdkünsten messen zu wollen, tötete sie ihn mit ihrem goldenen Pfeil.

Aus dem alten Griechenland

24. Februar
Freundschaft

Ein Mann erzählte seinem Freund, der sich in einer schweren Krise befand, diesen Traum:

Du und ich, wir wanderten durch ein stark zerklüftetes Gebirge. Der Himmel war grau. Nebel behinderte unsere Sicht. Plötzlich standen wir vor einem Abgrund. Dich überfiel Angst, mich nicht, denn ich sah, daß du mich brauchtest.

Ich legte mich der Länge nach über den Abgrund und forderte dich auf, über mich hinweg auf die andere Seite der Schlucht zu gehen. Du gingst hinüber. Auch mir gelang es, mich in Sicherheit zu bringen. Leicht war's nicht für mich, doch als wir beide das Ziel erreicht hatten, war unsere Freude groß.

25. Februar
Aufs Innere kommt es an

Auf der Suche nach Mäusen begegnete ein Igel einer Schlange. Er mochte keine Schlangen und blieb deshalb in einiger Entfernung stehen. Vorsichtshalber bündelte er seine Stacheln. Da hob die Schlange den Kopf und züngelte: »Wie häßlich bist du und wie stachelig! Mein Kleid dagegen ist schillernd und glatt. Du bist auch sperrig und wenig gewandt. Ich aber schlüpfe in jedes Mauseloch hinein.«
Der Igel sah während dieser Rede ruhig auf die eitle Schlange und sagte dann: »Deine schillernde Haut spiegelt deine Falschheit wider. In deinen Zähnen versteckst du dein Gift. Du kommst auch heimlich angeschlichen. Recht hast du: Von außen bin ich stachelig, doch innen sanft und fröhlich.« Dann ging er raschelnd durch das Laub davon und summte leise vor sich hin.

Margrit Böschemeyer

26. Februar
Wann die guten Feen kommen

Die Märchen wissen es: Wer an leidenden Menschen, Tieren oder Pflanzen, wer an leidendem Leben nicht vorübergeht, der ruft die guten Feen herbei, die fortan auch ihn auf seinen Wegen schützen und pflegen und ihn zu seinem Ziel geleiten.

27. Februar
Zu Hause angekommen

Auf einer inneren Wanderung zum »Ort der inneren Heimat« geht eine Frau durch ein gelbes Tor und findet sich auf einer Bühne wieder. Mit großem Applaus wird sie vom Publikum empfangen und später wieder verabschiedet. Durch ein rotes Tor gelangt sie in einen Raum, in dem ihr Mann sie liebevoll umsorgt. Sie wandert durch ein blaues Tor und begegnet einem Weisen, der sie in manche Geheimnisse des Lebens einweiht. Alles, was sie bislang erlebt hat, findet sie spannend und anrührend, doch ausgefüllt wird ihr Herz dadurch nicht.
Ratlos bleibt sie stehen. Da sieht sie einen Sonnenstrahl, der auf ein kleines Haus weist. Sie geht hin zu diesem Haus und findet ihren Namen an der Eingangstür. Wie sie das Haus betritt, findet sie es so eingerichtet, wie sie es sich in langen Jahren erträumt hat. Was sie fühlt, kann sie nur schwer beschreiben. Doch das Lächeln auf ihrem Gesicht sagt, daß sie zu Hause angekommen ist.

Aus einer »inneren Wanderung«

28. Februar
Druck im Herzen

In einem Traum sieht ein Mann sein Herz in der Form eines Dampfkessels. Immer und immer wieder hebt er den Deckel hoch, so daß der Überdruck entweichen kann. Als ihm die Anstrengung zu groß wird, wacht er auf.
Merkwürdig, er will noch immer nicht wissen, woher der Druck kommt.

29. Februar
Höhere Gerechtigkeit

Daß das Wort von der »höheren« Gerechtigkeit kein »Märchen« ist, davon erzählen vor allem die Märchen, auch dieses:

Eine Witwe hatte zwei Töchter, eine leibliche und eine Stieftochter. Die erste war faul, die andere fleißig und bescheiden. Und weil die Mutter die faule mehr liebte als die fleißige, mußte diese alle Hausarbeiten verrichten.

Weil die Witwe arm war, schickte sie die Stieftochter in die Welt. Auf Gott vertrauend, ging sie ihrer Wege und teilte Wasser und Brot mit den Tieren. In einer Herberge, in der sie übernachtete, ging sie bescheiden durch das schwarze Tor und nicht durch das goldene. Als sie am nächsten Morgen den gleichen Rückweg wählen wollte, war jedoch das schwarze Tor verschlossen. Sie mußte durch das andere Tor gehen und wurde über und über mit Gold beschenkt. – Die faule, bevorzugte Schwester wollte das gleiche Glück und machte sich deshalb auf den selben Weg, ohne sich allerdings um anderes Leben zu kümmern. Am Abend ging sie zuerst durchs goldene Tor und wurde deshalb am nächsten Morgen durchs schwarze geführt. Und *sie* geriet – ins Pech.

März

1. März
Mitverantwortung

Wenn die dunklen Mächte nicht über die hellen siegen sollen, dann müssen die Menschen sich an deren Kampf, den sie miteinander führen, beteiligen. Der Mond, so erzählt ein englisches Märchen, hatte erfahren, daß dann, wenn er nicht schien, die Geister und Hexen die Menschen im Moor bedrohten. Um diese Nachricht zu überprüfen, stieg er verhüllt zur Erde nieder. – Im Moor angekommen, griffen aus einem Wasserloch knorrige Arme nach ihm und wollten ihn in die Tiefe ziehen. Ein verzweifelter Kampf mit den dunklen Mächten begann. – Da näherte sich ein Mensch. Und weil der Mond dessen Weg erhellen wollte, verdoppelte er seine Anstrengungen. Dabei rutschte ihm die Kapuze vom Haar. Es wurde so hell, daß der Mann sicher weitergehen konnte. Der Mond aber hatte seine Kraft verloren und wurde von den Geistern begraben. Die Nächte blieben dunkel. – Später erinnerte sich der Wanderer der nächtlichen Begebenheit und zog mit anderen Männern ins Moor. Aus jenem Wasserloch leuchtete ihnen eine Hälfte des Mondgesichts entgegen, die andere Hälfte war von einem großen Stein bedeckt. Mit aller Kraft schoben sie ihn beiseite und befreiten so den freundlichen Helfer der Nacht und auch sich selbst zu neuem Leben.

2. März
Worauf die inneren Tiere warten

Eine merk-würdige Erfahrung aus »Wanderungen durch die innere Welt«:
So mancher Wanderer, der auf seiner Reise
durch die innere Welt
auf ein gefährliches Tier
– etwa einen Löwen oder Panther –
z u z u g e h e n wagt
und es sich v e r t r a u t macht,
macht es sich zum Freund.

3. März
Am Ziel

Im Traum sah ich, erzählt ein alter Mann, einen kristallklaren Strom durch eine weite Ebene dahinfließen. Mir war so, als sähe ich das Wasser des Lebens. Über den Strom spannte sich ein smaragdgrüner Regenbogen aus. Lange Zeit sah ich nur dieses Bild. – Dann kamen sie, die Menschen, die jungen und die alten, die kleinen und die großen, die häßlichen und die schönen, die schwarzen und die weißen. Sie kamen aus allen Richtungen und versammelten sich an einem Ort am Strom. – Zunächst lärmten sie, dann waren sie still. Nach längerer Zeit kam ein dunkles Summen auf, in das hinein sich hellere Stimmen mischten. Dann setzte ein jubelnder Gesang ein, der zu einem mächtigen Liedorkan heranwuchs, bis der Regenbogen in allen Farben leuchtete und die Wasser des Lebens zu springen begannen. – Auf einmal war es still. Langsam wandten sich die Menschen einander zu, verbeugten sich voreinander, verbeugten sich vor dem Wasser, verbeugten sich vor dem großen bunten Bogen über ihnen. – Ein Licht nahte, das immer stärker wurde, bis nichts mehr sichtbar war als dieses eine Licht.
Ich erwachte.

4. März
Vor-Sicht gegenüber Schmeichlern

Die Märchen wissen es: Schmeichlern gegenüber sollte man vorsichtig sein. Sie meinen nie den anderen, sie meinen immer nur sich. Sie bedienen sich der menschlichen Neigung zur Eitelkeit, um ihre eigenen Wünsche zu befriedigen.

5. März
Der Weg ins Leben

Viele Jahre war die Frau ziellos auf vielen Wegen gewandert. Kein Weg war ihr Weg geworden. Keinen war sie zu Ende gegangen. Und als sie eines Tages in den Spiegel gesehen und darin ihr ausdrucksloses Wesen entdeckt hatte, war sie sehr erschüttert worden. – Nun wußte man, daß am Rande des Dorfes ein alter Mann wohnte, der mit seltsamen Worten Gutes bewirken konnte. Zu ihm ging sie. – Als sie sein kärglich eingerichtetes kleines Haus betrat, huschte ein Lächeln über ihr Gesicht. Nicht ohne Stolz schaute sie in seine Armut hinein und dachte an ihr eigenes reiches Anwesen. Der Alte lächelte sie gütig an und sagte nur: »Ich brauche nicht, was dir so wichtig ist.« Da begann sie zu weinen. Dann, nach langer Zeit, fragte sie ihn, welcher Weg für sie der richtige sei. Er zeigte in alle Himmelsrichtungen und antwortete: »Es gibt keinen Weg, es sei denn, du g e h s t ihn.«
Erst viel später, als sie lange genug über seinen seltsamen Satz nachgedacht hatte, wußte sie, daß er ihr den Weg ins Leben gewiesen hatte.

Margrit Böschemeyer

6. März
Kopf und Herz

Es sagte der Kopf zum Herzen:
»Da ich an höchster Stelle liege,
kann ich besser als du die Welt überblicken.«
Da antwortete das Herz:
»Da ich von meinem Ort aus
die Mitte sehe,
vermute ich,
daß wir einander brauchen.«

U.B.

7. März
Es geht vorwärts

»Es geht vorwärts!« rief der Ingenieur aus, als ein weiterer Eisenbahnzug, beladen mit vielen Menschen und vielen Dingen, dort eintraf, wo die schönste und reichste Stadt des Landes entstand. Die Wildnis wich der Kultur und dem, was sie mit sich bringt. Die Tiere der Prärie sahen dem fremden Treiben zu. Sie hörten auch das Wort des Ingenieurs.
100 Jahre später legte ein Erdbeben die Stadt in Schutt und Asche und verschob den Lauf des Flusses. Der alte Wald breitete sich wieder aus, und mit ihm kehrten die Sümpfe, Seen und Tiere in ihr altes Land zurück.
»Es geht vorwärts!« rief da ein Specht aus, der an einem Stamm hämmerte. Hochzufrieden betrachtete er den grünenden Fortschritt auf Erden.

Nach einem Märchen von Hermann Hesse

8. März
Entbehrungen und Glück

Die Märchen wissen mehr als die gängige Schulweisheit von den Zwangsläufigkeiten des Unglücks und den Bedingungen des Glücks. Sie geben Auskunft über die wichtigen Spielregeln der tieferen Wirklichkeit. Zu diesen Regeln gehört z.B. auch diese:
Kein Prinz erobert seine Prinzessin ohne Entbehrungen, Bemühungen und Kampf. Hexen wollen ihn verführen, Verräter nehmen ihn gefangen, wilde Tiere trachten nach seinem Leben, Berge verschließen ihm den Weg. Diese und viele andere Hindernisse hat der Glückssucher zu überwinden. Und er überwindet sie und gelangt zum Ziel, wenn er das eine, wonach ihn verlangt, unbedingt und also mit ganzem Herzen will.

9. März
Das nahe Glück

Ein kleiner Junge lebte auf einem grünen Hügel in einer kleinen Hütte. Er war zwar glücklich, doch etwas fehlte ihm zum großen Glück.
Wenn der Tag sich neigte und die Sonne sank, saß er vor seinem Haus und schaute weit übers Tal hinweg zu einem anderen Haus. Es hatte goldene Fenster, die wie Diamanten leuchteten. Der Anblick bezauberte ihn so sehr, daß er sich nichts mehr wünschte, als einmal darin zu wohnen. Als er alt genug war, wanderte er zu ihm hin. Die Sonne war schon untergegangen, als er sein Ziel erreicht hatte. Doch riesengroß war seine Enttäuschung, als er sah, wonach er sich aus der Ferne gesehnt hatte: Er sah kein Gold in den Fenstern. Das Haus seiner Träume war eine einfache Hütte. Nicht weniger groß aber war seine Überraschung, als er am nächsten Morgen aus dem Fenster dieser Hütte sah: Dort, woher er kam, jenseits des Tales, sah er wieder ein Haus mit goldenen Fenstern, die wie Diamanten leuchteten – so schön wie das so lang ersehnte. Voll Freude lief er den Weg zurück – hin zu dem Haus, das sein e i g e n e s war.

Nach einem Märchen von H.L. Gee

10. März
Selbstbescheidung

Bei Sonnenaufgang betrachtete der Fuchs seinen Schatten und beschloß, am Mittag ein Kamel zu verschlingen. Sogleich machte er sich auf die Suche nach den nicht gerade kleinen Tieren. Als die Sonne ihren höchsten Punkt erreicht hatte, betrachtete er wieder seinen Schatten und gelangte zu der Einsicht, eine Maus würde auch genügen.

Nach: Kahlil Gibran, Der Narr

11. März
Wahre und trügerische Träume?

In der griechischen Mythologie ist der Schlaf ein Kind der Nacht. Im Haus des Schlafes ruht Hypnos, der Schlaf- und Traumgott, umgeben von seinen drei Söhnen Morpheus, Phantasos und Icelos. Dieses Haus ist zugleich das Haus der Träume, in das zwei Tore hinein- und herausführen. Das eine ist aus Horn, das andere aus Elfenbein. Aus dem elfenbeinernen kommen die trügerischen, aus dem hörnernen die wahren Träume.
Gibt es wirklich wahre und trügerische Träume?
Oder gibt es vielleicht nur wahren und trügerischen U m g a n g mit den Träumen?

12. März
Sich selbst verletzen

Im Traum steht ein Mann vor einer Schießbude und zielt mit seinem Gewehr auf eine Figur. In dem Moment jedoch, in dem er abdrückt, zeigt sich in der Figur ein Gesicht, das ihm nicht unbekannt zu sein scheint. Er weiß aber nicht, um welchen Menschen es sich handelt. Voll Panik wacht er auf.

Die Unruhe weicht den ganzen Tag nicht von ihm. In der Nacht darauf wiederholt sich der Traum. Wieder schießt er auf die Figur. Und in dem Moment, in dem er abdrückt, erkennt er das Gesicht, auf das er geschossen hat: Es ist sein e i g e n e s.

Da fängt er an, etwas ganz Wichtiges zu begreifen.

13. März
Das abgetrennte Herz

Ein intelligenter, aber vereinsamter Mensch sieht im Traum sein eigenes Herz – und erschrickt.
Er erkennt, daß zwar sein Herz in seinem Körper wohnt, jedoch von allem Lebendigen in ihm getrennt ist. Es schlägt nur noch für sich selbst.

14. März
Der Traummacher

Ein kleiner Junge hatte jede Nacht Alpträume, so daß er nicht mehr ins Bett zu gehen wagte. Niemand konnte ihm seine Angst nehmen. Da riet ihm eines Tages ein alter Mann, er solle doch seinen Traummacher suchen. Der Junge befragte die Katze und den Hund und alle Lebewesen und Gegenstände, die ihn im Traum bedrohten. Und alle Befragten antworteten erstaunlicherweise dem Sinne nach das gleiche: Weil sie sich zu langweilig oder zu klein oder zu ängstlich fühlten, sandten sie ihre Wünsche auf Traumreisen. Und da begriff der Junge, und das erleichterte ihn sehr: Weil er feinfühlend war, nahm er die Träume der *anderen* in sich auf. Und er begriff auch dieses: Er war *selbst* auch ein Traummacher, denn auch er hatte Wünsche und schickte sie auf Reisen. Und manchmal waren diese Wünsche voller Wut . . .

Nach: Blätter vom fliegenden Märchenbuch

15. März
Das wiedergefundene Ohr

In jedem Sommer kamen Zigeuner in die Stadt. Einer von ihnen, ein alter Mann, war bei den Kindern sehr beliebt, weil er wunderbare Geschichten zu erzählen wußte. Da sich aber die Kinder unter seinem Einfluß zu verändern und die allgemeine Ordnung zu vernachlässigen begannen, suchten drei würdige Männer des Ortes den alten Zigeuner auf und baten ihn, für einige Jahre der Stadt fernzubleiben. Sie erklärten ihm auch den Grund für ihren Wunsch. – Der alte Zigeuner nickte lächelnd und antwortete den überraschten Herrn mit einer Geschichte. Und sie hörten ihm ebenso gespannt zu, wie es die Kinder getan hatten. Nachdem er geendet hatte, sagte er noch, daß die Kinder auch ihm Geschichten erzählt hätten (was die Herren überraschte), und fügte hinzu, die Großen brächten den Kleinen das Gehorchen bei, hätten selbst jedoch kein Ohr mehr für sie. Dann ging er. – Als er zurückkam, staunte er. Nicht nur die Kinder warteten auf ihn, sondern auch die drei würdigen Herrn und mit ihnen viele andere Erwachsene. Da lächelte der Alte wieder und begann: »Es mag sein, daß es so war, es mag sein, daß es nicht so war, wer weiß das schon, doch eines Tages . . .«

Nach: H. Körner und R. Kübler,
Wieviele Farben hat die Sehnsucht

16. März
Alle Wege führen zum Meer

Es war einmal ein junges Mädchen, das sich nach dem großen blauen Meer sehnte. Es machte sich auf den Weg und wanderte viele Wochen. Es gelangte an eine Weg-Kreuzung. Weil es nicht wußte, welcher Weg der richtige sei, setzte es sich mitten auf die Kreuzung und dachte nach. Viele Menschen kamen im Lauf der Zeit vorbei, doch niemand konnte ihr weiterhelfen. Sie saß da und konnte sich nicht entscheiden. Die Jahre gingen ins Land, und der Wind spielte noch immer in den inzwischen ergrauten Haaren der Frau.

Dann stand sie endlich auf. Sie wanderte in die Berge. Mühsam erklomm sie den höchsten Gipfel. Und von dort oben sah sie es: Sie sah die Wegkreuzung und die verschiedenen Wege, und sie erkannte, daß jeder einzelne Weg sie zum großen blauen Meer geführt hätte. Nur einen hätte sie zu Ende gehen müssen.

Ihr Blick verlor sich in der Ferne – in tiefer Traurigkeit.

Nach: H. Körner, Die Farben der Wirklichkeit

17. März
Liebe einer Mutter

Eine böse Frau, die irgendwo auf den Bergen wohnte, stahl im Dorf ein kleines Mädchen. Als seine Mutter davon erfuhr, lief sie sogleich den Bergen entgegen. Als es dunkel geworden war, gelangte sie an eine Hütte, in der eine alte Frau wohnte. Diese versprach, ihr den Weg zur bösen Frau zu weisen, wenn sie zuvor einige Aufgaben für sie erledigte. Die Mutter tat alles willig und flink, um so rasch wie möglich den Weg zu ihrem Kind zu erfahren. Danach gab die Alte der Frau Auskunft.
Sie sagte ihr auch, daß ein Wolf vor dem Haus angekettet sei. Wolle sie ins Haus gelangen, müsse sie ihm ein Stückchen Fleisch aus ihrem eigenen Schenkel vorwerfen. Wolle sie das Haus verlassen, habe sie das gleiche zu tun. Die Mutter tat, was die Alte ihr gesagt hatte und holte ihr Kind aus dem Haus der schlafenden Hexe heraus. Ihre Wunden bemerkte sie nicht. Erst als sich beide in Sicherheit befanden, begann sie zu weinen.
»Ende des Märchens!«, so schließt die Geschichte, die auch in Wirklichkeit viele Parallelen hat.

Nach einem griechischen Märchen

18. März
Nicht Haß, sondern Güte

Einst lebte ein König, dessen Land vom benachbarten König erobert worden war. Der besiegte König und seine Familie wurden gefangengenommen. Nur der Prinz entkam. Er wollte seine Familie befreien. – Am Tag der Hinrichtung seines Vaters stand er verkleidet unter den Schaulustigen und suchte verzeifelt einen Weg, um den Vater zu retten. Dieser sah den Sohn und sagte, als spräche er zu sich selbst: »Handele nicht übereilt. Groll kann nur durch Vergessen überwunden werden.« – Nach dem Tod des Vaters wollte der Prinz Rache, ließ sich von dem verhaßten Herrscher als Diener einstellen und gewann sein Vertrauen. – Als der König auf einer Jagd seinen Kopf in den Schoß des Jünglings bettete und einschlief, zog dieser seinen Dolch und setzte ihn an die Kehle des Schafenden. Da erinnerte er sich der Worte seines Vaters und konnte den König nicht töten. Als dieser erwachte, erzählte er dem Prinzen, ihm habe geträumt, der Sohn des früheren benachbarten Königs habe ihn töten wollen. Da gab sich der Prinz zu erkennen und berichtete ihm von seinem Vorhaben und dessen Verhinderung. Der König war tief beeindruckt, bat den Prinzen um Verzeihung und setzte für ihn das ehemalige Königreich wieder instand.

Nach einer indischen Erzählung

19. März
Angst vor Masken

Einmal wurde ein Hase von einem Hund gejagt. Der Verfolger knurrte drohend und schnappte mit seinen scharfen Zähnen immer wieder nach dem davoneilenden Tier. Plötzlich veränderte der Hund sein Verhalten, tanzte um den Hasen herum, als wollte er mit ihm spielen. Da rief der verängstigte Hase aus: »Bist du mein Freund, warum willst du mich dann beißen? Bist du mein Feind, warum willst du dann mit mir spielen?«

20. März
Verwandlung durch Liebe

Sehnsucht trieb mich aus dem Haus. Ich spürte den Frühling. Da kam mir eine dunkle Gestalt entgegen, die mich magisch anzog. Dann stand sie vor mir: ein alter Mann in einem viel zu großen Mantel. Er sah aus, als habe er sein Wesen verloren. Ganz tief erkannte und fühlte ich sein Leid.
Hilflos näherte ich mich ihm. Ich fragte ihn, ob ich ihm helfen könne. Er hob den Kopf. Ich sah in sein altes, von zahllosen Furchen durchzogenes Gesicht. Ungläubig lächelte er. Langsam streckte er mir die Hände entgegen, behutsam legte ich meine Hand in seine. Und da geschah etwas Wundersames: Während unserer Berührung verwandelte sich sein Gesicht. Ich sah in strahlend schöne Augen. Ich begriff nicht, was geschah. Ich fühlte mich nur ausgefüllt von seiner Liebe, die von ihm zu mir herüberfloß.

Margrit Böschemeyer

21. März
Lebens-Entscheidung

Als Herakles, der Sohn des Göttervaters Zeus, achtzehn Jahre alt war, sollte er sich entscheiden, ob er seine Stärke zum Guten oder zum Bösen gebrauchen wolle. So verabschiedete er sich, um mit sich allein zu sein und nachzudenken. – Da begegnete er zwei Frauen, beide von hoher Gestalt, doch verschieden in ihrer Haltung. Ihre Namen waren »Glückseligkeit« und »Tugend«. Die zweite wirkte anständig, die erste aufreizend. Beide warben darum, mit ihm fortan ihr Leben teilen zu können. »Glückseligkeit« lockte ihn mit lustvollem und leichtem Leben. »Tugend« sprach davon, daß der, der ernten wolle, auch säen müsse. Sie ließ ihn nicht darüber im unklaren, daß der, der sich im Guten vervollkommnen wolle, ein anstrengendes Leben führen werde. Doch ließ sie auch dies nicht unerwähnt: daß das seligste Himmelslos sein Erdendasein krönen werde, wenn er ihrem Wege folge. – Herakles stand am Scheidewege, und er entschied sich für den Weg, auf den allein die Götter ihre Lichter werfen.

Aus dem alten Griechenland

22. März
Von der Kraft der Wahrheit

Ein Prinz, der hervorragend mit Waffen umgehen konnte, traf eines Tages ein scheinbar unverletzbares Monster. Das Monster näherte sich dem Prinzen, der aber ließ sich von dem schrecklichen Wesen nicht einschüchtern. Kein Pfeil jedoch, kein Speer, keine Stange und kein Schwert, die der Prinz dem Monster entgegenschleuderte, vermochten das Ungeheuer zu verletzen. Schließlich umklammerte es ihn mit seinen riesigen Armen und war nahe daran, ihn zu verschlingen. Da sagte der Prinz: »Ich habe noch eine Waffe, die ich bislang nicht benutzt habe. Doch wenn du mich verschlingst, werde ich sie aus deinem eigenen Innern heraus gegen dich einsetzen.« Diese Worte beunruhigten das Monster. Es fragte ihn deshalb, wie er das anstellen wolle. Der Prinz antwortete: »Durch die Kraft der Wahrheit.«
Daraufhin ließ das Monster den Prinzen frei und bat ihn, er möge ihn in der Wahrheit unterweisen.

Nach einer indischen Fabel

23. März
Wo manche Fragen zur Ruhe kommen

Manche Träume sagen uns Weisheiten, die unser Kopf nie erfinden könnte. Ein junger Mann, der dazu neigte, zuviel mit dem Kopf fragen und erklären zu wollen, erzählte mir zwei Szenen eines Traumes:
In der ersten suchte er die Antwort auf eine bestimmte, mir selbst wenig bedeutsam erscheinende Frage. Er fand sie nicht.
In der zweiten Szene hörte er eine Stimme, die ihm die für ihn außerordentlich befreiende Weisheit mitteilte: »Es gibt Fragen, die zur Ruhe kommen, wenn man in sein eigenes Herz wandert.«

24. März
Von der Mauer zwischen Mensch und Gott

Wolfsträumer, der junge charismatische Führer einer urzeitlichen Menschengruppe, fragt die alte Seherin Reiher, warum die Menschen so wenig mit dem »Einen Ganzen« verbunden seien. Darauf antwortet sie, dem stehe fast immer nur der Verstand im Wege, weil er die Fähigkeit zu träumen behindere. Und so verschlössen sich die Menschen der Stimme des »Einen Ganzen«. Doch w e n n sie in sich hineinhörten, k ö n n t e n sie dessen Stimme hören. Sie fährt fort: »Aber ein Mensch muß erst die Mauer niederreißen, die sein Verstand aufgebaut hat, bevor er frei ist zu hören. Und das gelingt nur wenigen. Die meisten wollen es allerdings auch gar nicht. Es ist ihnen zu mühsam.«

Nach: W.M. und K. Gear, Im Zeichen des Wolfes

25. März
Nur den Samen

Im Traum betrat ein junger Mann einen Laden. Hinter dem Tresen stand ein alter Mann. Hastig fragte er ihn: »Was verkaufen Sie, mein Herr?« Der Alte antwortete freundlich: »Alles, was Sie wollen.« »Dann hätte ich gern«, begann der junge Mann, »den Weltfrieden, die Abschaffung von Vorurteilen, Beseitigung der Armut, mehr Liebe zwischen den Religionen, gleiche Rechte für Mann und Frau und . . .« Da fiel ihm der Alte ins Wort: »Entschuldigen Sie, junger Mann, Sie haben mich mißverstanden. Wir verkaufen keine Früchte, wir verkaufen nur den S a m e n.«

26. März
Fremdbestimmtheit

Ein Mann ritt auf seinem Esel nach Hause und ließ seinen Sohn nachlaufen. Ein Wanderer, der ihnen begegnete, kritisierte deshalb den Vater und gab ihm zu bedenken, er habe doch stärkere Glieder als der Junge. Der Vater stieg ab und ließ den Sohn reiten. Ein zweiter Wanderer schalt deshalb den Sohn und gab ihm zu bedenken, er habe doch jüngere Beine als sein Vater. Beide stiegen auf den Esel und wurden kurze Zeit danach von einem dritten Wanderer getadelt, das arme Tier sei viel zu schwach für diese schwere Last. Vater und Sohn stiegen also wieder ab und setzten, rechts und links des Tieres wandernd, ihren Weg fort. Wen wundert's, daß der vierte Wanderer, der ihnen entgegenkam, sich köstlich über beide amüsierte? Was taten sie? Sie banden dem Esel die Vorder- und Hinterbeine zusammen, zogen einen starken Baumpfahl durch sie hindurch und trugen ihn auf den Schultern nach Hause.

Nach einer Erzählung von Johann Peter Hebel

27. März
Eitelkeit und Bescheidenheit

Die Märchen wissen es: Der eitle Mensch, der sich nur selbst im Blick hat, stößt alle guten Geister ab. Der bescheidene Mensch dagegen, dessen Blick auch für andere frei ist, lockt – ohne es zu wissen – die guten Geister in den warmen Kreis hinein, den er um sich verbreitet.

28. März
Träume können Leben retten

Der Pharao hatte zwei Träume und erzählte sie Josef: Aus dem Nil stiegen sieben wohlgenährte, stattliche Kühe und weideten im Riedgras. Nach ihnen stiegen sieben andere Kühe herauf, elend, sehr häßlich und mager . . . Die mageren und häßlichen Kühe fraßen die sieben ersten, fetten auf. Sie verschwanden in ihrem Bauch, aber man merkte nicht, daß sie darin waren. Dann wachte ich auf. – Weiter sah ich in meinem Traum: Auf einem einzigen Halm gingen sieben volle, schöne Ähren auf. Nach ihnen wuchsen sieben taube, kümmerliche, vom Ostwind ausgedörrte Ähren. Die kümmerlichen Ähren verschlangen die sieben schönen Ähren. – Darauf sagte Josef: Der Traum des Pharao ist ein und derselbe. Gott sagt dem Pharao an, was er vorhat: Die sieben schönen Kühe sind sieben Jahre, und die sieben schönen Ähren sind sieben Jahre. Die sieben mageren und häßlichen Kühe, die nachher heraufkamen, sind sieben Jahre, und die sieben vom Ostwind ausgedörrten Ähren sind sieben Jahre Hungersnot. Sieben Jahre kommen, da wird großer Überfluß in Ägypten sein. Nach ihnen aber werden sieben Jahre Hungersnot heraufziehen. – Nach dieser Deutung wies Josef dem Pharao einen Weg, wie er sich und sein Land auf die schweren Jahre einstellen und dadurch der Hungersnot entgehen könnte.

29. März
Das Lachen gegen den Tod

Auf einer inneren Wanderung sucht eine Frau den »Ort des Humors«. Nach längerem Weg findet sie das Haus der sieben Zwerge, die Schneewittchen bewachen. Was die Frau sieht, überrascht, ja verärgert sie, denn die Zwerge tanzen lachend um den gläsernen Sarg herum. Sie fragt die kleinen Wesen nach dem Grund ihres merkwürdigen Verhaltens. Da hält der ältere der Zwerge einen Augenblick inne und antwortet, wobei ein Anflug von Melancholie sein immer noch lächelndes Gesicht überzieht: »Wir lachen, um die Geister des Lebens in dem schönen Kind zu erwecken.«

Aus einer »inneren Wanderung«

30. März
Einssein mit dem Leben

Bei einer inneren Wanderung zum »Ort der Stille« läßt eine junge Frau sich in einer schönen Blüte nieder. Nach einiger Zeit hört sie den »Herzrhythmus« ihrer Blume und staunt, daß er kein anderer ist als der ihres eigenen Herzens.
Später – sie hat sich inzwischen der mild scheinenden Sonne zugewandt – hört sie deren Rhythmus und bemerkt, daß auch er sich nicht von ihrem eigenen und dem der Pflanze unterscheidet. Beglückt liegt sie da und hört und hört in das pulsende Leben hinein.
Einige Zeit danach hört sie von ferne das Rauschen des Meeres, dessen Schwingungen ihr schon vertraut sind. Denn auch das »Herz« des Meeres hat keinen anderen Rhythmus als die Sonne, die Blume und sie selbst.
Lange bleibt die junge Frau in ihrer Blüte liegen und fühlt sich mit dem ganzen Leben eins.

Aus einer »inneren Wanderung«

31. März
Unterschiedliche Helden

Wie groß ist doch die Sehnsucht der Menschen nach einem Helden, der all das kann, was ihm das Leben abverlangt! Von Kontinent zu Kontinent und durch alle Zeiten hindurch erzählen die Menschen Geschichten von Halbgöttern und legen in sie ihre unerfüllbaren Wünsche nach Macht und Stärke hinein.
Wie anders war doch jener »Held«, der vor zweitausend Jahren in Nazareth geboren wurde. Er war ein Mensch und auch ein Gott. Er war ein menschlicher Gott, der am Ende auf seine *tatsächlich* vorhandene Macht und Stärke verzichtete, um die *tieferen* Wünsche der Menschen zu erfüllen.

April

1. April
Sühne und Selbstachtung

Zu den fast vergessenen Möglichkeiten, Schuld zu überwinden, gehört die Sühne. Doch wird aus Sühne Selbsthaß, wenn ein Mensch sich dabei unnötigerweise selbst erniedrigt oder sich von anderen erniedrigen läßt.
In einem furchtbaren Wahn hatte Herakles seine eigenen Kinder für Giganten gehalten und sie getötet. Als der Wahn von ihm gewichen war und er erkannte, welche Schuld er auf sich geladen hatte, entschloß er sich, seinem Halbbruder Eurystheus, der ihn haßte, zu dienen.
Eine seiner schweren Dienstleistungen bestand darin, den Viehstall des Königs Augias, dem gewaltige Viehherden gehörten, an einem einzigen Tag zu reinigen. Herakles wollte zwar sühnen, n i c h t aber sich erniedrigen lassen. So riß er mit mächtigen Griffen die beiden Seiten des Viehhofes auf, leitete den nahen Fluß in einen Kanal und ließ die ungeheuren Mistberge durch die Fluten fortspülen.

Aus dem alten Griechenland

2. April
Das geheime Warten der unerlösten Mächte

»Vielleicht«, ahnte Rilke, »sind alle Drachen unseres Lebens Prinzessinnen, die nur darauf warten, uns einmal schön und mutig zu sehen. Vielleicht ist alles Schreckliche im Grunde das Hilflose, das von uns Hilfe will.«
Eurystheus befahl Herakles, einen von Poseidon nach Kreta geschickten wilden Stier zu bändigen, der auf der Insel furchtbare Verwüstungen anrichtete. Niemand war bisher seiner Kraft gewachsen gewesen. Herakles bändigte das Untier, und zwar so vollständig, daß aus dem wilden Stier ein folgsames Reittier wurde, das ihn über Berg und Tal und sogar übers Wasser nach Mykene zurücktrug.

Aus dem alten Griechenland

3. April
Wahr-Nehmung?

Das Auge, das Ohr, die Hand und die Nase hatten ein seltsames Gespräch.
Das Auge staunte über einen Berg, den es im blauen Dunst des Horizontes s a h und fragte die anderen, ob er nicht wunderschön sei.
Das Ohr lauschte lange und entgegnete, es h ö r e keinen Berg.
Die Hand versuchte den Berg zu g r e i f e n und sagte, sie finde keinen.
Schließlich äußerte sich die Nase, da sei kein Berg, denn sie könne ihn nicht r i e c h e n.
Da wandte sich das Auge von den anderen ab. Die Zurückgebliebenen aber sprachen weiter über die seltsame Täuschung des Auges und sprachen die Vermutung aus, mit dem Auge stimme etwas nicht.

Nach: Kahlil Gibran, Der Narr

4. April
Ein früher Bruder des Nazareners?

Prometheus, der Voraussehende, war ein Freund der Menschen. Seine Freundschaft zu ihnen ging so weit, daß er das Feuer, das der Göttervater Zeus ihnen entzogen hatte, vom Olymp stahl, es den Menschen zurückbrachte und dafür in Kauf nahm, für seinen Liebesakt aufs härteste bestraft zu werden.

Aus dem alten Griechenland

5. April
Der verkannte Berg

In dieser Nacht, so steht in einem alte Buche, träumte das Weib, das den Menschensohn gesalbt hatte, die kirchlichen Behörden hätten den Meister zum Tode verurteilt. Man steinigte ihn. Seine Gestalt war schon ganz vergangen unter den Steinen, aber immer neue Steine wurden geworfen. Immer neue Menschen kamen hinzu, Steine zu werfen, um die Gestalt des Menschensohnes zu verbergen . . . Und der Haufen der Steine über ihm wurde ein Berg, und er wuchs bis in den Himmel.
Hernach aber stiegen dieselben, die ihn gesteinigt hatten, den Berg der Steine hinauf, bis in den Himmel.

Stefan Andres

6. April
Der neue Blick

Ein Kind pflegte regen Kontakt mit sieben Zwergen, die es auf kleinen weißen Wolken sah. Die Zwerge (sie trugen Tag um Tag andere bunte Kleider) ermutigten den kleinen Menschen, fingen seine Tränen auf, lachten mit ihm und zeigten ihm so manchen Weg.
Eines Tages hörte ein Erwachsener, wie sich das Kind mit seinen Freunden unterhielt und dabei immer wieder laut auflachte. Da zogen große Sorgenfalten über die Stirn des großen Menschen, und ernsthafte Worte setzten sich auf seine Zungenspitze. Doch da geschah Merkwürdiges:
Als das Kind seinen Zwergen zuwinkte, folgte der Erwachsene seinem Blick und glaubte einen Augenblick selbst, einen roten Stiefel entdeckt zu haben, der über einen weißen Wolkenzipfel herabzuhängen schien. Mit der flachen Hand wollte er seine »Einbildung« beiseite schieben, es gelang ihm jedoch nicht. Und als ihn das Kind mit einem verschmitzten Lächeln ansah, schaute er selbst zur Wolke empor und winkte nun mit ihm gemeinsam den leise davonschwebenden Zwergen nach.

U.B.

7. April
Höher als alle Vernunft

Einem Mann, der von seinen Schuldgefühlen krankhaft belästigt wurde, träumte:
Er sah den auferstandenen Christus, der in ein strahlend weißes Gewand gehüllt war und auf einem Felsen stand. Der Träumer staunte gerade darüber, daß Christus keine Verletzungen mehr trug. Da wurde er aus seiner Betrachtung herausgerissen. Er sah Petrus (den Fels), der kurz zuvor seinen Meister in peinlicher Weise verleugnet hatte. Und ausgerechnet zu ihm, dem Verräter, sagte Christus den nicht faßbaren Satz: »Auf dich, auf diesem Felsen, der du bist, will ich meine Kirche bauen.«
Der Träumer weinte. Und er weinte auch noch, als er erwachte. Er weinte nicht Tränen der Trauer, sondern des Glücks.

8. April
Die unbekannten Freunde

In einer langen Traumnacht erschienen einem modernen Mann drei fremde Gestalten mit fremden Namen. Es handelte sich um die Stille, die Langsamkeit und die Liebe.
Alle drei berührten sein Inneres sehr.
Da fragte er sie: Wer seid ihr?
Sie antworteten: Wir sind die Freunde des Lebens.
Er fragte weiter: Seid ihr auch meine Freunde?
Sie entgegneten: Wir möchten es sein.
Am nächsten Morgen war der moderne Mann zunächst ein wenig verwirrt. Dann beschloß er, die unbekannten Freunde zu suchen.

U.B.

9. April
Es gibt keine Umwege

Bastian, die Hauptperson in Michael Endes »Die unendliche Geschichte«, glaubte, auf seiner Reise durch die innere Welt, Phantasien genannt, alles mißverstanden und falsch gemacht zu haben. Die Dame Aiuola, die die leidenschaftliche Suche Bastians nach den Quellen verfolgt hatte, war da anderer Meinung:
»Nein«, antwortete sie, »das glaube ich nicht. Du bist den Weg der Wünsche gegangen, und der ist nie gerade. Du hast einen großen Umweg gemacht, aber es war dein Weg.« Und nach einer Weile fügte sie hinzu: »Jeder Weg, der dorthin führt, war am Ende der richtige.«

10. April
Von den Seelenverlierern

Als die Gorillas merkten, daß die Menschen ihnen immer häufiger nach dem Leben trachteten, trafen sie sich zu einer großen Versammlung. Lange dachten sie darüber nach, was die Menschen wohl veranlasse, so zu handeln, und auch darüber, wie sie sich besser gegen sie schützen könnten. – Es wurde viel geredet, doch alle Erklärungen, die vorgebracht wurden, waren wenig befriedigend. Einige wollten schon gehen. Da erhob sich ein kleiner Gorilla, der die Menschen gut kannte, weil er sie oft beobachtet hatte, und sagte: »Was sie von uns wollen, wißt ihr. Vielleicht aber wißt ihr dieses nicht: Wenn sie schießen, sieht man an ihren Augen, daß sie die eigene Seele aus sich herausschießen.« Daraufhin versank die Versammlung in ein tiefes Schweigen. Alle ahnten, daß ihr Bruder die Wahrheit gesagt hatte. Schließlich fragte ein anderer in die Stille hinein, was denn nun zu tun sei, um sich gegen die »Seelenverlierer« besser schützen zu können. Der kleine Gorilla antwortete nicht gleich, schüttelte nur den Kopf und sagte dann mit leiser Stimme: »Wir können nur darauf warten, daß die Menschen ihre Seelen wieder zu bewahren beginnen.«

U.B.

11. April
Die Vision des Ezechiel

Die Hand Gottes legte sich auf mich, und Gott brachte mich im Geist hinaus und versetzte mich mitten in die Ebene. Sie war voll von Gebeinen. Er führte mich ringsum an ihnen vorüber, und ich sah sehr viele über die Ebene verstreut liegen; sie waren ganz ausgetrocknet. Er fragte mich: Menschensohn, können diese Gebeine wieder lebendig werden? Ich antwortete: Herr und Gott, das weißt nur du . . .
So spricht Gott, der Herr, zu diesen Gebeinen: Ich selbst bringe Geist in euch, dann werdet ihr lebendig. So spricht Gott, der Herr: Geist, komm herbei von den vier Winden! Hauch diese Erschlagenen an, damit sie lebendig werden. So spricht Gott, der Herr: Ich öffne eure Gräber und hole euch, mein Volk, aus euren Gräbern herauf.

12. April
Ein großer Traum

Manchmal werden Menschen mit Träumen beschenkt, die den kleinen Menschen als Teil des großen Ganzen zeigen und gerade deshalb sein ganzes Leben verändern können. Einen dieser Träume finden wir in Thomas Manns Buch »Joseph und seine Brüder«:

»Da geschah eines gewaltigen Donners Krachen, und alle Engel fielen auf ihr Angesicht. Dieweil der Herr mich (Joseph) so in Freuden auserkor, ward mein Fleisch zur Feuersflamme, meine Adern loderten hell, meine Knochen wurden wie Wacholderfeuer, meiner Wimpern Aufschlag gleich einem Blitzstrahl, meine Augäpfel rollten wie Feuerkugeln, die Haare meines Hauptes wurden zur brennenden Lohe, meine Glieder zu feurigen Fittichen, und ich erwachte.«

13. April
Der Mond und die Morgenröte

Wenn am Abend im Westen der Sonnenwagen untergegangen ist, steigt im Osten Selene, die Mondgöttin, mit ihrem von zwei herrlichen Schimmeln gezogenen Gefährt empor und umkreist den Nachthimmel. Dann schleicht sie zu einer Höhle des Berges Latmos, in der Endymion, ihr Geliebter, einen ewigen Schlaf schläft.
Und wenn der Morgen kommt, fährt Eos, die Morgenröte – sie ist Selenes schöne Schwester –, mit ihren Pferden Lampos und Phaethon (dem Glanz und dem Funken) dem Wagen des Sonnengottes voraus und bringt der Welt das erste Licht.

Aus dem alten Griechenland

14. April
Wichtiger als die Moral

Die Märchen wissen es: Manchmal braucht ein in die Fänge dunkler Mächte geratener Mensch eine List, um sich befreien zu können. Und diese List, so sehen es die Märchen, ist statthaft. Denn für sie ist unter bestimmten Umständen die Erhaltung sinnvollen Lebens ein höherer Wert als die sture Einhaltung eines moralischen Grundsatzes.

15. April
Nichts ist gut oder böse an sich

Einst dachte ein König über die Frage nach, was gut sei und was böse. Da befahl er seinem Diener, er solle ihm die wertvollsten Organe bringen. Kurz darauf brachte dieser seinem Herrn das Herz und die Zunge eines Tieres. Der König dachte darüber nach, was der Diener ihm mit diesen Organen habe sagen wollen. Dann ließ er die schlechtesten Organe holen. Der Herrscher staunte, als der Diener wieder mit dem Herzen und der Zunge den Raum betrat. Auf seine Frage, was das zu bedeuten habe, entgegnete der einfache Mann:
»Wertvoll sind Herz und Zunge, wenn ein Mensch Wahres redet, dann fühlt er sich glücklich und gesund. Wertlos aber sind Herz und Zunge, wenn ein Mensch lügt und die Wahrheit verdunkelt. Dann fühlt er sich selbst dunkel, und das Glück entfernt sich rasch von ihm.«

Eine orientalische Erzählung

16. April
Sich fallenlassen

Eine merk-würdige Erfahrung aus »Wanderungen durch die innere Welt«:
Mancher Wanderer der inneren Welt hängt an einem Seil über dem Abgrund.
Wenn er es wagt, sich f a l l e n z u l a s s e n,
wird er n i c h t am Boden zerschmettert.
Er kommt am Boden unbeschadet an –
und findet neue Wege.

17. April
Manchmal auch die Feinde lieben

Manchmal gilt es, bösen Wesen nicht nur nicht zu widerstehen oder vor ihnen zu fliehen, sondern ihnen b e h i l f l i c h zu sein. Und das kann gute Folgen haben:
Die beiden Schwestern Schneeweißchen und Rosenrot begegneten einem bösen Zwerg mit Achtung und halfen ihm sogar aus einer Not heraus. Daraufhin erhielten auch sie Hilfe: von einem Bären, der in Wahrheit ein Königssohn war, den der Zwerg verwandelt hatte. Und nicht genug damit: Den Schwestern wurde sogar das große Glück zuteil, weil der Königssohn und dessen Bruder sie zu Prinzessinen machten.
So gewannen sie durch ihr ungewöhnliches Verhalten alles, wonach sich Menschen sehnen.

18. April
Dunkle und helle Mächte

Die Märchen wissen es: So stark auch die Hexen, Drachen, Riesen und alle anderen dunklen Mächte sein mögen – wer klug genug ist, sich nicht zu lange in ihrer Nähe aufzuhalten, wird erleben, daß sie allmählich ihre Kraft verlieren. So stark die dunklen Mächte sein mögen – die hellen sind letztendlich stärker, jedenfalls für den, der nach ihnen sucht, sich ihnen zuwendet und sich ihnen anvertraut.

19. April
Das älteste Spiel

Ein Pilger traf einen anderen auf dem Weg zur heiligen Stadt und fragte ihn, ob dieser Weg der richtige sei.
Der Befragte antwortete, wenn er ihm folge, werde er in einem Tag und einer Nacht die Stadt erreichen. Die beiden wanderten viele Tage und viele Nächte, das Ziel erreichten sie jedoch nicht.
Da geschah etwas Seltsames: Der Pilger, der den Weg zu kennen vorgegeben hatte, wurde auf den anderen böse. Warum? Er sagte, der andere habe i h n irregeleitet.

Nach: Kahlil Gibran, Sand und Schaum

20. April
Unterschiedliche Sichtweisen

Einst fragte ein Vogel eine Schnecke, ob sie gar keine Sehnsucht nach der Weite der Länder, Flüsse und Seen habe. Die Schnecke dachte lange nach. Dann antwortete sie in der ihr gemäßen Langsamkeit: »Du siehst die Welt von oben, und sicher freust du dich daran, all das sehen zu können, was kaum ein anderer zu sehen bekommt. Doch sorg dich nicht um mich. Ich sehe zwar die Welt im kleinsten Kreis, doch bekomme ich in diesem Kreis zu sehen, was kaum ein anderer sehen kann.«
Da flog der Vogel davon und begann, die Schnecke, alle anderen Tiere und auch sich selbst neu zu verstehen.

U.B.

21. April
Eine seltsame Beeinflussung

Bei einer inneren Wanderung zum »Ort der Musik« sah und hörte ein Mann, wie aus dem Meer Töne perlten. Und ehe er sich's versah, schwebten die Töne – in der Gestalt von Notenzeichen – in sein Blut hinein. Bald tönte sein Inneres voll Musik. Fast andächtig hörte er ihr zu. Als die Musik bewegter wurde, verspürte er den Wunsch zu tanzen. Und als er sich tanzend der Musik hingab, »wußte« er, daß die Engel im Himmel mit ihm tanzten.
»Ich hab die Engel zum Tanz verführt«, sagte der Mann im Anschluß an seine Imagination und lächelte nachdenklich.

Aus einer »inneren Wanderung«

22. April
Was die Alten vom Herzen wußten

Die Mythen der alten Völker wußten viel von der Bedeutung des Herzens. Es war für sie die Mitte des Menschen und der Welt.
Das alte Ägypten zum Beispiel glaubte, Ptah, der Urgott, habe die Welt mit seinem Herzen erdacht und gestaltet.
Das alte Rom »wußte«, daß eines fernen Tages Zeus alle Wesen »aus seinem heiligen Herzen wieder ins freudenreiche Licht emporbringen« werde. Das Herz galt als der Knoten, durch den Gott und Mensch miteinander verbunden sind.
Für das alte Indien war das Herz der Ort, an dem ein Mensch mit dem Göttlichen in Verbindung kommen könnte.
Das alles und noch viel mehr erkannten die Alten mit ihren Herzen.

Nach Manfred Lurker

23. April
Aufs Ziel sehen

Die Märchen wissen es: Der Mutige verliert seine Angst in dem Maße, in dem er fest auf sein Ziel sieht. Der Ängstliche wird von seiner Angst in dem Maße gebeutelt, in dem er den schreienden Angstmachern links und rechts des Weges Gehör schenkt.

24. April
Das Wichtigste

Eine Mutter hatte vier Söhne.
Der erste wurde ein Kaufmann, der auf die Bedürfnisse der Armen und die Wünsche der Reichen spekulierte. Seine Nächstenliebe war der Handel.
Der zweite wurde ein Wissenschaftler, der seine Seele mit Formeln tapezierte. Seine Liebenswürdigkeit war nur Fassade, sein Herz aber blieb kalt.
Der dritte Sohn wurde ein Priester, der auf alle Fragen eine Antwort wußte – aus seinem wichtigsten Buch. Doch war er nicht er selbst, er war nur ein Abglanz dessen, der sein Buch geschrieben hatte.
Der vierte war ein Taugenichts, faul und leichtsinnig. Er hatte große Pläne, an denen er stets scheiterte. Doch war er ein Mensch, der lieben konnte.
Als die Mutter gestorben war, kamen die vier Söhne an ihr Grab. Und durch die Erde sah sie, was sie taten:
Der Kaufmann legte ein Goldstück nieder,
der Wissenschaftler ein altes Buch,
der Priester das Bild eines Heiligen,
der Taugenichts – sein Herz.
Da ahnte die Mutter, daß der Himmel ihm seine Fehler vergeben würde.

Nach einem japanischen Märchen

25. April
Weisheit

Die Märchen wissen es: Ohne Weisheit können Könige nicht gut genug regieren. Weisheit ist das Wissen von Lebens-Ordnungen, die eingehalten werden müssen, wenn das Leben gelingen soll. Und diese Ordnungen gelten auch dann, wenn Könige meinen, sie könnten ohne sie auskommen.

26. April
Distanz und Nähe

Es war ein lauer Sommerabend. Ein leichter Wind kräuselte die Oberfläche des breit dahinziehenden Flusses. Das Licht der Sterne spiegelte sich im Wasser und zersprang zu tausend silbernen Funken. Vorsichtig schob der Mond eine dunkle Wolke beiseite, lachte fröhlich in die Nacht und schickte eine breite Mondlichtbahn über den Fluß. – Darauf hatte das Mädchen gewartet. Endlich konnte es sich seinen Wunsch erfüllen. Es erhob sich und betrat die Lichtbahn. Ohne sich umzuwenden, bestieg sie die silberne Brücke und wanderte himmelwärts mitten in die Milchstraße hinein. Als sie dort angekommen war, ließ sie sich auf dem Rand eines Sterns nieder und schaute auf die Erde nieder. – Alles irdische Leben schien, von hier oben betrachtet, weit weggerückt. Gewiß, was die Sternenwanderin sah, war wunderschön, doch viel zu weit von ihr entfernt. Und ganz allmählich ging ihr auf, daß sie einen noch tieferen Wunsch hatte als den, das ganze Leben überblicken zu können: den nämlich, ihm ganz nahe zu sein. Und als sie später wieder im Grase lag und den Duft der Erde roch, strich sie zärtlich über die schon feucht gewordenen Halme.

Margrit Böschemeyer

27. April
Die Erfüllung der großen Sehnsucht

Die Märchen wissen es: In allem, was lebt, liegt eine große Sehnsucht verborgen, eine Sehnsucht nach Überwindung aller Trennungen und Feindschaften, nach Angenommensein und Frieden.
Doch auch das wissen die Märchen: daß niemals das Warten auf diesen glückbringenden Zustand die Sehnsucht erfüllen kann, sondern dies allein: sich selbst aufzumachen, die Dornenhecken abzureißen und anderen den Frieden zu bringen.

28. April
Eins mit sich werden

Eine Frau liegt in einem Boot auf der Mitte eines Sees. Obwohl die Sonne warm auf sie herabscheint, fühlt sie sich bedrückt. Da hört sie aus der Tiefe des Wassers eine fremde fröhliche Musik. Sie richtet sich im Boot auf und hört mit allen Sinnen in die Melodie hinein. Dann schaut sie auf den Grund des Sees und erkennt sich selbst als Musikantin, die strahlend nach oben lacht. Sehr heiter wirkt die Musikantin, deren Hände übermütig über die Saiten der Harfe gleiten. Einen Augenblick ist die Frau im Boot verwirrt. Dann steht sie auf und springt – nach einem kleinen Zögern – hinunter in die Mitte des Sees.

Aus einer »inneren Wanderung«

29. April
Die Bedeutung der Träume

Hoch schätzten die griechischen Kirchenväter die Bedeutung der Träume. So schreibt einer von ihnen, der Bischof Synesius von Kyrene:
»Ich bin nicht überrascht, daß einige ihren Träumen die Entdeckung eines Schatzes verdanken; daß manche andere völlig unwissend zu Bette gegangen sind und als begabte Dichter erwachten, nachdem sie sich in einem Traume mit den Musen unterhalten hatten. Ich brauche auch gar nicht erst von jenen zu sprechen, die in ihrem Schlaf von einer Gefahr Kenntnis erhielten, die ihnen drohte, oder denen in ihren Träumen von einem Heilmittel Kunde gegeben wurde, das sie kurieren konnte. Das Wunderbarste und zugleich Geheimnisvollste ist jedoch, daß der Schlaf der Seele den Weg zu den vollkommensten Einsichten in das wahre Wesen der Dinge erschließt und daß er die Fähigkeit eröffnet, über die Natur hinauszugehen und sich selbst mit der intelligiblen Sphäre zu vereinigen, von welcher sie so weit her gewandert ist, daß sie gar nicht mehr weiß, woher sie kam . . . Daraus erhellt, daß es immer ein Mensch ist, der uns belehrt, wenn wir wachen; daß es aber stets Gott ist, der uns erleuchtet, wenn wir schlafen.«

30. April
Verkannte Herausforderung

Yama, der König der Hölle, fragte einen Mann, der wegen seines schlechten Lebenswandels in die Hölle gekommen war, ob er zur Zeit seines irdischen Lebens jemals drei himmlische Boten getroffen habe. Der Mann verneinte die Frage. – Yama fragte weiter, ob er sich an einen altersgebeugten Menschen erinnern könne. Diese Frage bejahte er. Da erklärte ihm Yama, die Höllenstrafe erleide er, weil er in dem Alten nicht den Himmelsboten erkannt habe, der ihn zur Änderung seiner Lebensart habe veranlassen wollen. – Wieder fragte der König der Hölle den Mann, ob er jemals einem armen kranken Mann ohne Freunde begegnet sei. Der Gepeinigte hatte einen solchen Menschen gesehen, und auch dieser war ein Gesandter des Himmels gewesen und hatte ihn auf den rechten Weg bringen wollen. – Ein letztes Mal fragte der Herr der Hölle, ob der Mann jemals einem Toten begegnet sei. Nicht nur einem, vielen Toten war er begegnet. Und wieder gab Yama ihm zu verstehen, er habe in den Toten die himmlischen Gesandten übersehen, und auch sie hätten nur das eine Ziel gehabt, ihn zur Änderung seiner Lebenseinstellung zu bewegen.

Nach einer indischen Erzählung

Mai

1. Mai
Rotkäppchens Gewinn

Was wäre gewesen, wenn Rotkäppchen n i c h t den ihr vorgeschriebenen Weg verlassen hätte?
Es hätte den Wolf nicht wirklich kennengelernt.
Es wäre vom Wolf nicht verschlungen worden.
Es wäre vom Wolf nicht befreit worden.
Es hätte die Großmutter nicht in Gefahr gebracht.
Es hätte die Hilfe in der Not – für sich und die geliebte Großmutter – nicht erfahren.
Es wäre nicht klüger geworden.
Es hätte nicht das große Fest gefeiert.
Es hätte den außerordentlichen Tag, den es niemals vergaß, nicht erlebt.

2. Mai
Eingebildete Feinde

In einer klaren Mondnacht kamen ein Hase und eine Eule ins Gespräch. Die Eule hatte beobachtet, daß der Hase hakenschlagend vor einem Feind davongelaufen war und unter ihrem Baum Zuflucht gesucht hatte.
»Was hat dich so geängstigt?« begann sie das Gespräch.
Der Hase entgegnete: »Ein Geräusch.«
»Sonst nichts?« fragte die Eule weiter.
»Ich glaube, daß hinter einem Strauch ein Feind auf mich gewartet hat.«
Die Eule, berühmt wegen ihrer Weisheit, dachte einen Augenblick nach. Dann sagte sie: »Wenn hinter jedem geräuschvollen Strauch ein Feind steckte, meinst du, du würdest heute noch leben?«
Der Hase brauchte lange, um diese inhaltsschweren Worte zu verstehen. Dann schaute er verschmitzt die Eule an, hoppelte gemächlich davon und entdeckte zum ersten Mal, daß der Mond ihm helfen wollte, Sträucher und Feinde u n t e r s c h e i d e n zu können.

U.B.

3. Mai
Den Namen erfahren

Wer den N a m e n eines dunklen Geheimnisses kennt, verändert seine Beziehung zu ihm. Er verringert dessen Macht, vielleicht löst er sie auch auf. Davon wissen die Seelenärzte viel, die Märchen vielleicht noch mehr: »Ach, wie gut, daß niemand weiß, daß ich Rumpelstilzchen heiß!« sang das Männlein, das für die schöne Müllerstochter aus Stroh Gold gesponnen hatte und dafür ihr Kind als Lohn wollte. Nun aber, da sie seinen Namen erfahren hatte, brauchte sie ihm ihr Kind nicht mehr zu überlassen. Sie kannte seinen Namen und war deshalb frei von seinen Ansprüchen – und frei fürs eigene Glück.

4. Mai
Inneres und Äußeres gehören zusammen

Es gibt nur für den Menschen ein erfülltes Leben, der in b e i d e n Welten zu Hause ist: in der inneren u n d der äußeren Welt. Wer die eine zugunsten der anderen vernachlässigt, spaltet sein Leben. So sieht es auch der alte Koreander, auf dessen Dachboden Bastian die »Unendliche Geschichte« liest und durchlebt:

»Es gibt Menschen, die können nie nach Phantasien kommen, und es gibt Menschen, die können es, bleiben aber für immer dort. Und dann gibt es noch einige, die gehen nach Phantasien und kehren wieder zurück. So wie du. Und die machen beide Welten gesund.«

5. Mai
Nur am Himmel?

Einst traf sich eine Abordnung verschiedenster Farben, die mit den Menschen zu tun hatten. Sie wollten wissen, warum sich manche Farben gegenseitig beißen.
Die Gespräche kamen an kein Ende, und so beschloß die Abordnung, an einem anderen Tag die Lösung des Problems zu suchen.
Da geschah etwas, was niemand der Teilnehmer je vergessen wird: Als sie sich vor der Tür verabschiedeten, sahen sie über sich einen Regenbogen, dessen Farben unbeschreiblich schön leuchteten, jede für sich und jede – im Chor der anderen.

U.B.

6. Mai
Falsche Erziehung

Ein liebenswerter, doch bläßlich wirkender Mensch sah auf seiner »inneren Wanderung« ein kunstvolles Uhrwerk, das offensichtlich ihm gehörte. Es schien nicht mehr zu laufen. Bei näherem Hinsehen erkannte er jedoch, daß das Getriebe makellos arbeitete.

Dann erschrak er: Er sah, daß auf dem Uhrwerk kein Zifferblatt mit Zeigern, sondern das Wappen seiner Heimatstadt eingeprägt worden war. Uhrwerk und eingeprägtes Wappen paßten jedoch überhaupt nicht zueinander. Vor allem aber: So arbeitete das Uhrwerk vergeblich.

Nachdem er sich von seinem Schrecken erholt hatte, entfernte er die unangemessene Prägung. Und noch ehe er wußte, wie das so entstandene Vakuum gefüllt werden könnte, legte sich ein Zifferblatt mit feinen silbernen Zeigern auf das Uhrwerk. Ganz deutlich fühlte er, daß die Uhr nun so war und wirkte, wie sie offensichtlich gemeint war.

Tiefe Freude überzog sein blasses Gesicht.

7. Mai
Wie viele Ehen beginnen

Um die Herrschaft über die Götter erringen zu können, brauchte Zeus auch die Herrschaft über die Göttin Hera. Sie hatte ihn jedoch als Gatten abgewiesen. Da besann er sich auf eine List, der fortan auch unzählbare Menschen zum Opfer fielen: Er ließ es regnen und näherte sich ihr als zerzauster Kuckuck. Voll Mitleid nahm sich die göttliche Frau des »armen Tieres« an und wärmte es. Das war der Anfang ihrer merkwürdigen Geschichte von offenem Kampf und verdeckter Liebe.

Aus dem alten Griechenland

8. Mai
Richtiges Sehen

Sabine Sommerkamp erzählt in ihrem Märchen »Die Sonnensuche« von dem Jungen Nashi San, der ein so großer Dichter wie sein Vater Matsuo Basho werden möchte:

Auf einer Wanderung schwinden ihm die Sinne. Im Garten der Vier Jahreszeiten findet er sich wieder. Dort begegnet er der freundlichen Biene Haru. Sie sagt ihm, Voraussetzung für das wirklich große Dichten sei das richtige Sehen, und das könne er in diesem Garten lernen. Seine erste Lektion beginnt.

Nashi San ist zur Größe eines Daumens geschrumpft. Auf seine Frage nach dem Grund für diese Veränderung antwortet ihm Haru, je kleiner man sei, desto deutlicher und genauer sehe man, weil man als kleines Wesen an alles näher herangehen müsse. Die großen Menschen schauten von oben auf die Dinge und stets aus einiger Entfernung, die kleinen Wesen aber sähen die Dinge von u n t e n, vom Grund aus und also aus allernächster Nähe.

9. Mai
Das Wesentliche sehen

Beim Rundflug über den Garten der Vier Jahreszeiten treffen der Junge Nashi San und die Biene Haru auf eine Gruppe schwarz gekleideter Gestalten, die »Glasmenschen«. Schwarz gekleidet sind sie, um sich vor der Sonne zu schützen, die sie sonst zerschmelzen würde.
Sie stehen im Kreis und glauben, eine Blüte zu sehen, tatsächlich aber sehen sie allenfalls ein welkes Blatt. An der wirklichen Blüte sind sie vorbeigegangen, weil sie das Sonnenlicht auf dem Grunde des Blütenkelchs nicht erkannt haben.
Bald darauf erblicken der Junge und die Biene zwei Mädchen mit hellen Kleidern und drei Jungen in fast weißen Anzügen. Diese Kinder finden die Blüte. Denn: »Sie sehen sie nicht nur an, sie sehen auch in sie hinein. Und sie lauschen ihr, um die Stille in ihr zu hören. Sie berühren sie, um sie zu fühlen. Sie riechen an ihr und atmen ihren Duft. Sie nehmen sie in ihre Mitte, sie leben mit ihr . . . sie schauen sie mit dem Herzen.«

10. Mai
Warten auf die Seele

Zu einer Zeit, als in Afrika das Reisen noch sehr beschwerlich war, kämpfte sich ein Missionar mit seinen Trägern durch dichtes Buschland. Weil er nach drei Tagen sein Ziel erreichen wollte, trieb er sie immer wieder zur Eile an. Zunächst ließen sie sich sein Drängen gefallen, dann aber setzten sie sich und blieben sitzen. Die Sonne brannte heiß, die Luft flimmerte, nur ein paar Vögel sangen in die Stille hinein.
Der Missionar bat die Männer weiterzugehen, er drohte ihnen, er lockte sie. Nichts half. Sie blieben sitzen. Endlich kam ihm die Idee, nach dem Grund ihrer Verweigerung zu fragen. Und da sagte einer der Träger den Satz, den der fromme Mann nicht mehr vergessen konnte: »Wir müssen warten, bis unsere Seele nachgekommen ist.«

Eine Geschichte aus Afrika

11. Mai
Spannung und Entspannung

Johannes Cassianus, ein Mönch des vierten Jahrhunderts, erzählte diese Legende:
Der greise Apostel Johannes spielte eines Tages mit seinem zahmen Rebhuhn. Da kam ein Jäger zu ihm, der sich über solch niedrigen Zeitvertreib des angesehenen Mannes wunderte. »Wieso gibst du dich mit einem so geringfügigen Mittel der Ergötzung ab?« fragte er. Johannes entgegnete: »Warum trägst du deinen Bogen nicht immer gespannt in deiner Hand?« »Das darf man nicht«, erwiderte der Jäger, »denn sonst verlöre er an Spannkraft. Wenn ich dann einen Pfeil abschießen möchte, hat er keine Kraft mehr.« Der selige Johannes antwortete: »Junger Mann, so sollst du dich auch an der kleinen und kurzen Erholung und Entspannung meines Gemüts nicht stoßen. Denn wenn dieses sich nicht zuweilen eine solche Entspannung gönnt und seine strenge Anspannung etwas lockert, dann wird es durch die unablässige Anspannung matt und kann der Kraft des Geistes nicht mehr Folge leisten, wo es die Notwendigkeit erfordert.«

12. Mai
Unterschiedliche Geheimnisse

Die Märchen wissen es: Die Welt ist voll dunkler Geheimnisse. Manche warten darauf, aus ihrer Dunkelheit befreit zu werden. Andere jedoch müssen bleiben, wo sie sind, weil sie sonst mit ihrer dunklen Macht den Menschen nur zugrunde richten würden.

13. Mai
Sanft-Mut

Kreon, der König von Theben, hatte das Gesetz erlassen, daß sein Neffe Polyneikes, der gegen ihn gekämpft hatte und dabei getötet worden war, nicht begraben werden sollte. Weil Antigone, seine Nichte, trotz dieses Gesetzes ihren Bruder würdig begraben hatte, verurteilte er sie zum Tode. – Da eilte Haimon, Kreons Sohn, zu ihm, um die Vollstreckung des Urteils an seiner Braut zu verhindern. Der Vater glaubte deshalb, der Sohn werde ihm mit Empörung begegnen, doch er hatte sich getäuscht. Feinfühlig machte der Sohn den Vater darauf aufmerksam, daß das Volk ihm, dem König, nur mit wohlgefälligen Worten entgegenkomme, er dagegen auch Dinge erfahre, die nur im Dunklen zu hören seien. Und so wisse er, daß das Volk das königliche Gesetz unmenschlich finde und Antigone wegen ihrer mutigen Tat rühme. »Darum, geliebter Vater«, sprach der weise Sohn, »gib der Stimme des Volkes nach; tu es den Bäumen gleich, die, längs dem angeschwollenen Waldstrome gepflanzt, sich ihm nicht entgegenstemmen, sondern der Gewalt des Wassers nachgeben und unverletzt bleiben, während diejenigen, die es trotzdem wagen, Widerstand zu leisten, durch die Wellen von Grund aus entwurzelt werden.

Aus dem alten Griechenland

14. Mai
Licht und Dunkel

An dem Tag, an dem aus dem tiefen Dunkel heraus das Licht entstand, fragten die ersten Strahlen, wofür sie strahlen sollten. Da wurde ihnen die Antwort zuteil: »Für das ganze Leben.«
An einem Tag, an dem die Schöpfung längst vollendet war und die Menschen schon die ganze Erde bevölkerten, fragten dieselben Strahlen, warum sich nur so wenige Menschen ihnen öffneten. Da wurde ihnen die seltsame Antwort zuteil: »Sie öffnen sich so wenig dem Licht, weil sie sich zu oft in ihrer eigenen Dunkelheit verschließen.«

U.B.

15. Mai
Der besondere Raum der Liebe

Im Hause der Liebe gibt es einen Raum. Er liegt im unteren Teil des Hauses. Einmal führte die Liebe ihre Freundin, das Vertrauen, in diesen unscheinbaren Raum. Einige Zeit später fragte sie die Freundin: »Du erinnerst dich an die alte Truhe an der hinteren Seite des Raumes?« Das Vertrauen nickte. »In dieser Truhe«, sagte die Liebe, »habe ich die vielen unerfüllten guten Sehnsüchte der Menschen aufbewahrt. Manchmal öffne ich sie, schaue mir die eine oder andere Sehnsucht längere Zeit an und denke dabei an die Menschen, für die sie sich nie erfüllten. Es kann ja sein, daß auf diese Weise die Wunden ein wenig heilen.«
»Und jener alte Schrank, was bedeutet er?« fragte das Vertrauen mit leiser Stimme. »In diesem Schrank«, entgegnete die Liebe, »liegen die unverbrauchten Lebensmöglichkeiten der Menschen. Manchmal öffne ich ihn, berühre die eine oder andere Kostbarkeit und schicke meine Wünsche zu dem, der sie noch immer nicht kennt. Es kann ja sein, daß auf diese Weise der Mensch danach zu suchen beginnt.« Das Vertrauen war tief bewegt. Es umarmte die Liebe und machte sich auf den Heimweg.
Und auf dem Wege träumte es von vielen geheilten Wunden und vielen gefundenen Perlen.

U.B.

16. Mai
Die großen Tugenden

Auf den inneren Wegen zu den Schlössern,
in denen die Prinzessinnen warten,
haben die Prinzen viele Kämpfe zu bestehen.
Die Ungeheuer, die sich ihnen in den Weg stellen,
erscheinen in verschiedenen Gestalten:
als Zwerge und Riesen, als Löwen und Raben,
als Elfen und Hexen.
Nie sind die Kämpfe leicht,
immer sind sie schwer.
Und immer wieder sind es bestimmte Tugenden,
die den Prinzen
das Tor zum ersehnten Schloß öffnen:
Mut und Ausdauer,
Wahrhaftigkeit und Gelassenheit,
vor allem aber Liebe.

17. Mai
Das Beste von sich entdecken

Johanna war ein Pinguin mit vielen Geschwistern und großer Verwandtschaft. Sie hätte glücklich sein können, wenn sie nicht so langsam gewachsen wäre. Alle anderen waren größer und stärker als sie. Und darüber war sie sehr betrübt.
Eines Tages tauchte sie tief ins Meer hinab, begegnete einer schönen alten Muschel und erzählte ihr von ihrem Leid. Die Muschel hörte aufmerksam zu und sagte nach einer Weile: »Du siehst nur darauf, was du nicht kannst. Ist dir etwa aufgefallen, wie tief und lange du tauchen kannst? Kein anderer Pinguin hat mich je in dieser Tiefe besucht.«
Ehe Johanna antworten konnte, fuhr die alte Dame fort: »Und ist dir schon einmal aufgefallen, daß du mit deinem ständigen ›aber‹ dich ständig selbst verkleinerst? Niemand wird durch Jammern wachsen.« Schon wieder hatte sich das kleine Wort ›aber‹ auf Johannas Zunge gerollt, doch dieses Mal schickte sie es rasch zurück. Und siehe da, es ging ihr spürbar besser.
Johanna traf sich nun täglich mit ihrer neuen Freundin zu guten Gesprächen. So wuchs sie rasch heran. Die Mutter aber wunderte sich, daß ihre Tochter sich nicht mehr unter ihren Flügeln versteckte.

Nach: Blätter vom fliegenden Märchenbuch

18. Mai
Unvollkommenheit auch bei den Göttern

Aphrodite, die Göttin der Liebe und der Schönheit, liebte mit aller Leidenschaft den wunderschönen Jüngling Adonis. Als ihn ein wilder Eber zerriß und er hinab ins Reich der Toten mußte, bat Aphrodite den Göttervater Zeus inbrünstig, er möge ihr den Jüngling zurückgeben.
Auch die Königin des Schattenreiches war von Adonis entzückt und wollte ihn nicht herausgeben. Deshalb bestimmte Zeus, daß der Angebetete einen Teil des Jahres im Schattenreich, den anderen im Sonnenlicht bei der Liebesgöttin verbringen sollte.

Aus dem alten Griechenland

19. Mai
Schicksal und Hoffnung

Hoch über der Stadt kamen der Stern der Hoffnung und der Stern des Schicksals miteinander ins Gespräch. Sie waren einander schon manches Mal begegnet. Der Schicksalsstern sagte: »Ich bewundere dich, daß du immer wieder neue Wege für die Menschen siehst.« Der Stern der Hoffnung entgegnete: »Das ist nicht schwer. Schau hinab in die Stadt und schau dir die vielen Wege an.«
Der Angesprochene fand die Antwort oberflächlich und wandte deshalb ein: »Wege gibt es viele, gewiß, doch welcher Mensch kann viele Wege finden?«
Da wurde der Stern der Hoffnung unwillig und sagte prosaisch: »Eben weil es viele Wege gibt, können Menschen sie auch finden.«
»Und wenn sie von den vielen Wegen nichts wissen?« wandte der Schicksalsstern noch einmal ein. »Wenn sie *leben* wollen«, rief der Stern der Hoffnung und leuchtete trotzig auf die Stadt hinab, »wenn sie *leben* wollen, dann *suchen* sie die Wege.«

U.B.

20. Mai
Folgen des Ausweichens

Auf einer »inneren Wanderung« wich eine Frau immer wieder schwierigen Situationen aus, machte große Bögen um sie herum und kam schließlich von ihrem Wege ab. Ihre Wanderung endete auf dem Gipfel eines Berges, der so spitz war, daß sie sich kaum darauf halten konnte. Da kam ein Adler geflogen und fragte sie verwundert, was sie an diesem gefährlichen Ort suche. Ausweichend antwortete die Frau, ohne ihr Zutun sei sie auf diesen Gipfel gelangt. Und da geschah etwas, was ihr den tiefsten Einblick in ihr problembeladenes Leben gab: Kaum hatte sie den Satz ausgesprochen, da wurde der Berg so spitz, daß nur der Adler sie vor einem tiefen Fall bewahren konnte.

21. Mai
Nicht alle Früchte sind bekömmlich

Auf der Heimkehr von Troja schickte Odysseus drei seiner Gefährten aus, um den Weg zu erkunden. Hätte er sie nicht durch Schläge auf die Schiffe zurückgetrieben – sie wären weiter durch die Welt geirrt. Sie hatten von der Lotosfrucht gegessen, deren Genuß die Menschen die Heimat vergessen läßt.

Aus dem alten Griechenland

22. Mai
Verkanntes Signal

Im Traum ging ein Mensch durch die dunklen Straßen einer Stadt. Er wußte nicht, woher er kam und wohin er wollte. Da sah er plötzlich eine Leuchtschrift, die ihn von einem großen Gebäude aus immer wieder grell anblinkte. Neugierig näherte er sich dem Haus und las: »Ungelebtes Leben – Ungelebtes Leben – Ungelebtes Leben«. Das Wort versetzte ihn in eine seltsame Unruhe. Wie von unsichtbarer Hand gezogen, betrat er das Haus. Es war sein eigenes.
Am nächsten Morgen erzählte er den anderen seinen »witzigen« Traum.

U.B.

23. Mai
Nichts ist nur böse

Die Märchen wissen davon, daß auch aus feindlichen Menschen, Tieren oder anderen Wesen Freundliches und Liebevolles zum Vorschein kommen kann. Das geschieht manchmal dann, wenn sie ihrerseits angerührt werden von freundlichem und liebevollem Verhalten anderer. Denn auch die dunklen Mächte warten im Grunde auf nichts mehr als darauf, endlich von ihrem ewigen Haß erlöst zu werden.

24. Mai
Noch gibt es Tage des Lebens

Im Traum befand sich ein älterer Mann im »Reich des Schattens«. Im Zwielicht dieses Reiches begegnete er Menschen, mit denen er Konflikte gehabt und die er nie gelöst hatte. Er begegnete auch Menschen, die gut zu ihm gewesen waren und deren Freundschaft er abgewiesen hatte. Zunächst erstaunt und dann entsetzt war er jedoch, als er vor einem grau gewordenen Herzen stand, auf dem er seinen eigenen Namen las. Noch lebte das Herz, doch wurden seine Töne merklich schwächer. Er wollte schreien, doch schnürte die Angst ihm seine Kehle zu. Da hörte er eine Stimme, die von weit her zu kommen schien und dreimal sprach: »Noch gibt es Tage des Lebens.«

25. Mai
Worauf siehst du?

Wie das Herz sich fühlt, hängt weithin davon ab, worauf die Augen sehen.
Einmal sahen die Bewohner der inneren Welt das Herz aufgebracht und zornig. Das war der Tag, an dem – unter dem Schutz der Sonne – das erste Grün sich aus der winterlichen Erde hervortraute und die Augen der anderen nur auf den Schmutz der Straße starrten.

U.B.

26. Mai
Ein nicht seltenes Mißverständnis

Ein Märchen erzählt: Auf dem Land brütete eine Entenmutter fünf gelbe Wollknöllchen aus, Tage später ein viel größeres graues Entlein – wie es schien. Der ganze Bauernhof lachte über das arme, häßliche Tier. Und weil es sich hier nicht wohl fühlte, begab es sich zu einem in der Nähe gelegenen See.

Es wurde Winter, und das »Entlein« war ganz allein auf sich angewiesen. Der Frühling kam, und mit ihm ließ sich ein herrliches Schwanenpaar auf dem See nieder. Das »Entlein« bat die beiden, seinem Leben ein Ende zu machen, da es zu häßlich sei für diese Welt.

Die beiden waren sehr verwundert. Als sie sich von ihrer Verwunderung erholt hatten, fragten sie nur: »Hast du noch nie dein Spiegelbild betrachtet? Schau dich doch an!« Und was das »Entlein« sah, verschlug ihm die Sprache. Es war in den kalten, einsamen Wintermonaten zu einem wunderschönen Schwan herangewachsen. Und nun hörte er auch die entzückten Rufe der Kinder am See: »Seht nur, ein neuer Schwan! Ist e r nicht der Schönste?«

27. Mai
Kluge Selbsteinschätzung

Es gibt Mächte, denen ein Mensch nicht immer gewachsen ist. Dazu gehört, zum Beispiel, die Macht des Eros. Nachdem Odysseus sich – auf Drängen seiner Weggefährten – von der schönen Zauberin Kirke verabschiedet hatte, fuhr er mit seinen Mannen an den Sireneninseln vorbei. Um seine Gefährten vor der Verführung zu schützen, die im Gesang jener Wesen liegt, verstopfte er ihnen die Ohren mit Wachs. Und weil er seine Verführbarkeit nicht unter- und seinen Freiheitsraum nicht überschätzte, ließ auch er sich an den Mastbaum des Schiffes binden und konnte so das sirenische Zauberlied ungefährdet hören.

Aus dem alten Griechenland

28. Mai
Seinsfaulheit

Ein Mann, der sich im Leben nicht zu Hause fühlte, machte sich auf, seine innere Heimat zu suchen. Er wanderte durch Städte und Landschaften, doch nirgendwo hatte er das Gefühl, angekommen zu sein. Schließlich mochte er nicht mehr weitersuchen.
Er stieg – es war um die Mittagsstunde – auf einen Baum, von dem aus er einen weiten Blick ins Land hatte. Er wartete und wartete auf einen Menschen, der ihm geben würde, wonach er so starkes Verlangen hatte. Doch niemand kam. Erst später ging ihm auf, daß ein Mensch dem großen Leben nicht diktieren kann, wann er die Suche nach der inneren Heimat beenden darf.

Aus einer »inneren Wanderung«

29. Mai
Eigene Lebens-Führung

In einer »inneren Wanderung« sieht sich ein Mensch auf einem weißen Boot, das über einem grauen See dahingleitet. Das Boot trägt seinen Namen. Da sieht er, daß sein Lebenspartner am Steuer seines kleinen Schiffes steht und es lenkt. Empörung packt ihn, Empörung über sich selbst. Er steht auf, geht zum Steuerrad und übernimmt selbst die Führung. Eine lange nicht mehr erlebte Freude durchzieht ihn. Und mit Erstaunen sieht er, daß sich sein Schiff vergrößert hat und blaue Wellen das weiße Boot umspielen.

U.B.

30. Mai
Ein heilsamer Vergleich

In einem Traum steht ein älterer Mann am Dorfteich des Ortes seiner Kindheit. Er freut sich zunächst über das ihm vertraute Bild. Dann erschrickt er: Das Wasser sinkt bis auf den Grund des Teiches. Ein Gefühl tiefer Beklommenheit bemächtigt sich seiner. Sein Blick fällt auf die Mitte des Teiches. Da sieht er ein Medaillon. Es zieht ihn magisch an. Er öffnet es. Er erkennt zwei Bilder. Linksseitig strahlt ihn sein Kindergesicht an, voll Witz und Übermut, rechtsseitig sein gegenwärtiges Gesicht, grau, eingefallen, durchtrennt von einer übergroßen Stirnfalte.
Die Augen des Träumers wandern hin und her, von einem Bild zum anderen, immer schneller, immer schneller, bis er schweißgebadet erwacht – mit dem Wort, das er sich selber sagen hört: Ändern!

31. Mai
Das innere Kind

Eines Nachts, als ich unruhig aus dem Schlaf erwachte, saß auf meiner Bettkante ein bunter Wichtel. Sein kleines verrunzeltes Gesicht schien uralt, aber seine Augen blickten mich jung und freundlich an.
»Wer bist du?« fragte ich schlaftrunken.
Der Wichtel sah mich lächelnd an und sagte: »Nur Kinder sehen mich. Ich wußte, daß auch du mich siehst.« – »Ich bin aber kein Kind mehr«, entgegnete ich. »Du bist ein großes Kind«, fuhr der Wichtel fort, »doch auch große Kinder sehen mich.«
Seltsam beglückt fiel ich in den Schlaf zurück und spürte die kleine Hand auf meinem Haar.

Margrit Böschemeyer

Juni

1. Juni
Wo man Heimat suchen muß

Ein Ton, recht zart in seiner Art, wollte nicht länger im Konzert der anderen mitmachen. Die meisten anderen Töne waren ihm zu laut, so daß er sich selbst oft gar nicht hören konnte. Von den anderen unbemerkt, machte er sich davon. Sein Weg führte ihn in eine laue Sommernacht. Wie staunte er, daß die ganze Nacht voll war von zarten Tönen, und alle waren seine Geschwister. Er flog von einem zum anderen, und jeder empfing ihn freundlich. Schließlich begegnete er dem leisesten aller Töne. Dieser saß auf einem Grashalm und wiegte sich im sanften Rhythmus des kleinen Gewächses. Als der Halm einen Augenblick ruhte, fragte unser Ton die kleine Schwester: »Bist du glücklich an diesem Ort?« – »Ja«, hauchte sie. »Und dieser Ort ist dir nicht zu gering?« fragte er weiter. »Zu gering?« fragte sie erstaunt. »Ich bin hier zu Hause. Und der Halm gehört zu mir.«
Der Ton spürte eine seltsame Erleichterung, verabschiedete sich freundlich und flog summend durch die Nacht. Es kam ihm eine Ahnung, wo er seine neue Heimat zu suchen hatte.

U.B.

2. Juni
Die Macht der Liebe

Als Dornröschen in einen hundertjährigen Schlaf fiel und mit ihr alle Kreatur des Schlosses, versuchten viele Prinzen vergeblich, die Dornenhecke zu durchdringen. Nur einer erreichte die Prinzessin, nur einer bewahrte und fand sein Leben und Glück: jener Prinz, der wahrhaft l i e b e n konnte. Für ihn teilte sich die Dornenhecke, weil seine Liebe zur Geliebten eine ungeteilte war.

3. Juni
Der Sinnfaden

Man kann den inneren und äußeren Ungeheuern des Lebens ausweichen. Man kann mit ihnen auch kämpfen. Doch wer sich auf den Kampf einläßt, braucht einen Sinnfaden auf den Wegen durchs Labyrinth des Lebens.
Minos, der König von Kreta, hatte sich Athen unterworfen und ließ als Tribut in jedem neunten Jahr sieben Jünglinge und sieben Jungfrauen Minotauros, einem wilden Stier, vorwerfen. Diesem grausamen Treiben wollte Theseus, der Sohn des Königs von Athen, ein Ende machen. Voraussetzung dafür war, daß er das mächtige Tier in seinem Labyrinth auf Kreta bezwinge.
Als Theseus vor Minos erschien, verliebte sich dessen Tochter in den jungen Athener und schenkte ihm ein Fadenknäuel. Ein wenig später betrat er mit seinen todgeweihten Gefährten das Labyrinth, in dem der Stier hauste, befestigte das Ende des Knäuels am Eingang und ließ es auf den Irrwegen ablaufen. Und als er in der abgründigen Dunkelheit das Ungeheuer besiegt hatte, fand er mit Hilfe des Fadens den Weg in die Freiheit zurück.

Aus dem alten Griechenland

4. Juni
Wann die Traurigkeit das Herz hütet

Auf einer »inneren Wanderung« wanderte ein streßgeplagter Mann zu seinem Herzen. Er staunte darüber, wie schön es war. Er freute sich über die Farbigkeit der Wände und genoß den Duft, der durch den Raum drang. Er legte sich nieder und erlebte, wie gut ihm dieser Raum tat. Hier wollte er bleiben.

Da erschien nach einiger Zeit ein ihm ähnlich sehender Mann in der Tür seines Herzens. Bei näherem Hinsehen bemerkte er eine tiefe Traurigkeit in den Augen des anderen. Auf seine Frage, was er hier suche, antwortete der Fremde: »Ich hüte dein Herz, wann immer du nicht zu Hause bist.«

5. Juni
Sich und die Welt kennen

Es gibt Menschen, die kein erfülltes Leben haben, weil sie weder die innere Welt noch die äußere in ihren Tatsachen und Gesetzmäßigkeiten gut genug kennen.
Diese Menschen verlagern die Ideale, Phantasien und Sehnsüchte ihrer Seele in die äußere Welt und werden daher vom Leben immer wieder enttäuscht. Gmork, der Werwolf aus der »Unendlichen Geschichte«, weiß, welche Folgen diese Verlagerungen haben:
Wenn ein Mensch die Ideale, Phantasien und Sehnsüchte seiner inneren Welt nicht durch-schaut, dann *verselbständigen* sie sich, ängstigen und kränken ihn und bringen ihn zur Verzweiflung, obwohl zu alledem keine wirklichen Gründe vorliegen.

6. Juni
Absichtslos

Der chinesische Dichter und Philosoph Tschuang-Tse erzählte dieses Märchen:
Einst verlor der Gelbe Kaiser seine Zauberperle. Weder »Wissen« noch »Klarsicht« und auch nicht »Redegewalt« fanden sie. Schließlich sandte der Kaiser »Absichtslos« aus – und dieser verkannte Helfer brachte ihm seine Perle zurück.

7. Juni
Hoffnung

Ein kräftiger Sonnenstrahl bemerkte eines Tages eine selten gesehene Traurigkeit auf den Gesichtern der anderen Strahlen. Als ihm die Gelegenheit günstig erschien, fragte er sie nach dem Grund. Keiner wollte so recht sagen, was er dachte. Schließlich ergriff ein alter Strahl das Wort und sagte: »Die meisten Menschen, denen wir unser Licht schenken, kennen nicht mehr unsere Quelle, sie kennen auch nicht mehr unser Ziel. Darum benutzen sie uns vor allem für den Körper und weniger fürs Herz. Und das ist traurig.« Still zogen sich alle Strahlen in den Schatten des Himmels zurück. – Am nächsten Abend trafen sie sich wieder. Eine seltsame Leichtigkeit lag auf vielen Gesichtern. Ein junger Strahl sagte: »Habt ihr sie gesehen?« – »Nein, wen denn?« fragten jene, die noch immer traurig waren. Da rief ein anderer ungeduldig aus: »Die Kinder am Bach. Wir kitzelten und wärmten sie. Sie lagen lange im Grase. Sie lächelten, ohne es zu bemerken, und auf ihren Gesichtern spiegelte sich ihr Herz.«

U.B.

8. Juni
Das ganze Leben annehmen

Eine schöne und gutgekleidete Frau besuchte einst ein Haus. Auf die Frage des Hausherrn, wer sie sei, entgegnete sie, sie sei die Göttin des Reichtums. Der Hausherr war beglückt und behandelte sie sehr zuvorkommend.
Kurz darauf erschien eine häßliche und ärmlich gekleidete Frau. Der Hausherr fragte auch sie, wer sie sei. Sie stellte sich als die Göttin der Armut vor. Der Hausherr war entsetzt und wollte sie davonjagen. Die Göttin aber weigerte sich zu gehen und sagte, die Göttin des Reichtums sei ihre Schwester. Vor unvorstellbaren Zeiten schon hätten sie beschlossen, sich niemals zu trennen. Wenn also er sie hinausjage, werde die andere mit ihr gehen. Und so geschah es: Weil der Herr die Anwesenheit der Göttin der Armut nicht duldete, verließ auch die Göttin des Reichtums das Haus.

Nach einer indischen Legende

9. Juni
Boden unter den Füßen

Manchmal scheinen wir keinen Boden unter den Füßen zu haben. Doch daß wir so empfinden, liegt häufig nur an unserer Wahrnehmung, nicht an der Wirklichkeit.
Wir sprechen oft von Realitäten und meinen damit das, was wir vor Augen sehen. Die Wirklichkeit jedoch ist tiefer und umfassender als die Realität. Sie zeigt sich allerdings nur dem, der das, worauf er blickt, nicht für die Grenze des Lebens hält.
In einem Traum sah ich auf ein weites und bewegtes Meer. Es schien, als habe es nur Untiefen. Die Angst packte mich. Da tauchte aus dem Wasser eine große, herrlich geschwungene Sandbank auf, wie ich sie nie zuvor gesehen hatte. Sie lud mich ein, mich auf ihr niederzulassen. Ich streckte mich auf ihr aus, und ein tiefes Glücksgefühl durchzog meine Seele.

10. Juni
Vom Grund der Eitelkeit

Eine Krähe saß auf einem Baum und machte sich über einen Pfau lustig, der über den Boden stolzierte: über das Blau seines Gefieders, über seinen Schweif, über seine häßlichen Füße. Vor allem aber bemängelte sie, daß er seinen Kopf so hoch trage und viel zu eitel sei.
Nachdem die Krähe mit ihrer wenig freundlichen Rede geendet hatte, schwieg der Pfau eine Weile. Dann sagte er leise: »Ich kenne meine Häßlichkeiten, sie machen mir viel Kummer. Und weil ich auch meine ledernen und faltigen Füße kenne, trage ich meinen Kopf so hoch, damit ich sie nicht sehe.«

11. Juni
Innere Wanderung über den Regenbogen

Die Frau steht auf einer weiten, von bunten Blumen übersäten Wiese. Über ihr wölbt sich ein Regenbogen, wie sie ihn bisher nie gesehen hat. Sie wandert zur südlichen Seite des Bogens und beginnt, ihn zu besteigen. Halt findet sie in den Farben, die sich wie feste Bahnen unter ihr ausbreiten. Auf halber Höhe bleibt sie stehen. Sie hört Musik aus unbekannten Sphären. Die Töne fließen in sie ein wie Balsam in die Seele.
Nach einiger Zeit geht sie weiter, bis sie den Gipfel des Bogens erreicht hat. Sie setzt sich nieder und schaut ins weite Land. So frei ist ihr Blick, so frei auch ihr Gefühl. Lange bleibt sie an diesem Ort. Dann steigt sie auf der anderen Seite hinunter und wandert wieder zu dem Ort, von dem aus sie den Friedensbogen zum ersten Mal gesehen hat. Noch einmal leuchten seine Farben in all ihrer Kraft.
Als sie aus der inneren Welt in die äußere zurückkehrt, fühlt sie deutlich, daß diese Reise eine Reise in ihre a n d e r e Heimat war.

12. Juni
Woher der Regenbogen kommt

Nachdem die große Flut, die alles Leben auf der Erde hinweggeschwemmt hatte, beendet war, setzte Gott den Regenbogen als Zeichen seiner Freundschaft zwischen sich und die Erde und sprach:
»Nie wieder soll eine Flut kommen
und die Erde verderben . . .
Solange die Erde besteht,
soll nicht aufhören
Aussaat und Ernte,
Kälte und Hitze,
Sommer und Winter,
Tag und Nacht.«

1. Mose 8 und 9

13. Juni
Weder den Himmel noch die Erde vernachlässigen

Unter den Gläubigen, die dem Propheten Mohammed zuhörten, war ein Mann, der besonders andächtig seinen Worten lauschte und besonders inbrünstig betete. Kaum hatte er sich von Mohammed verabschiedet, war er wieder da und rief verzweifelt: »Heute morgen kam ich mit meinem Kamel zu dir, achtete auf jedes deiner Worte und vertraute der Allmacht Gottes. Und was ist der Lohn dafür? Mein Kamel ist nicht mehr da.«
Mit einem gütigen Lächeln sah der Prophet den Mann an und sagte nur: »Glaube an Gott, und binde dein Kamel fest.«

Eine orientalische Erzählung

14. Juni
Dankbarkeit

Auf einer Reise durch sein Land lernte ein König einen Schafhirten kennen, an dem er so viel Gefallen hatte, daß er ihn in seinen Palast mitnahm. Der Hirte beeindruckte durch sein Verhalten den König so sehr, daß er ihn bald zu seinem persönlichen Berater ernannte. Die Minister und andere Beamte wurden deshalb neidisch und hinterbrachten dem Herrscher das Gerücht, sein persönlicher Berater schmiede heimtückische Pläne gegen ihn. Als Grund dafür gaben sie an, er gehe täglich längere Zeit in eine abgeschiedene Kammer. Der König war über diese Rede verwundert und verlangte darum, in den Raum geführt zu werden. Die Kammer war fast leer, nur das alte, längst verstaubte Hirtenkleid hing an der Wand. Groß war jedoch das Erstaunen des Königs und groß auch seine Freude, als der frühere Hirte auf die Frage nach dem Gewand bescheiden antwortete, er komme jeden Tag eine Stunde hierher, betrachte das alte Kleid und führe sich vor Augen, wer er einmal gewesen sei und woher er komme.

Nach einer orientalischen Erzählung

15. Juni
Keine billige Gnade

Ein Mann fiel betrunken in den Schlaf und wurde zunächst von seinem Freund bewacht. Als sich der Freund schließlich auf den Weg machte, versteckte er, da er die Armut des anderen kannte, einen Juwel in dessen Gewand. Als dieser seinen Rausch ausgeschlafen hatte, wanderte auch er weiter – ohne zu bemerken, welchen Schatz er bei sich trug. Er verbrachte seine Tage in Hunger und Armut. Lange Zeit danach begegneten sich die Freunde wieder. Da erzählte der eine dem anderen von einem Juwel, der ihm gehöre – und riet ihm, danach zu s u c h e n .

Nach einer indischen Geschichte

16. Juni
Woher die Freude kommt

Kein Bewohner der inneren Welt wußte so recht, an welchem Ort die Freude geboren worden war. Einmal jedoch, als mehrere Bewohner auf dem Weg zu einer Versammlung waren, geschah etwas, was das Geheimnis der Freude offenbarte. Schon von weitem erkannten sie sie an ihrem bunten Kleid und dem nicht weniger bunten Hut, der mit vielen kleinen Rosen geschmückt war. Die Wanderer blieben wie verabredet stehen. Niemand sagte ein Wort. Ganz nah stand sie an einem alten Baum und unter dem Dach seiner weiten begrünten Äste. Sie sprach mit ihm, wie man mit einem alten Freunde spricht. Sie streichelte, liebkoste und umarmte ihn – und sah ihn wieder und wieder an, als wäre sie noch immer nicht vertraut genug mit ihm. Und während sie so dastand und ihm all ihre Freundlichkeit schenkte, leuchtete ihr Gesicht, als hätte sie nie zuvor einen schöneren Baum gesehen. Unter den Wanderern, die Zeugen dieser Begebenheit wurden, war auch die Liebe. Ihr Gesicht leuchtete kaum anders als das der Freude. Die Behutsamkeit war die erste, der diese Ähnlichkeit auffiel. Dann erkannten auch die anderen die Verwandtschaft – und waren tief berührt. Schweigend ging man weiter, und jeden bewegte nur der eine Gedanke: Die Liebe also ist die Heimat der Freude.

U.B.

17. Juni
Wer ist der Größte?

Einmal kamen die Weggefährten Jesu zu ihm und fragten ihn, den großen Menschenkenner: »Wer ist im Himmelreich der Größte?«
Da rief er ein Kind herbei, stellte es in ihre Mitte und sagte: »Wahrlich, ich sage euch: Wenn ihr nicht umkehrt und wie die Kinder werdet, könnt ihr nicht in das Himmelreich kommen. Wer so klein sein kann wie dieses Kind, d e r ist im Himmelreich der Größte . . . Hütet euch davor, einen von diesen Kleinen zu verachten! Denn ich sage euch: Ihre Engel im Himmel sehen stets das Angesicht meines himmlischen Vaters.«

18. Juni
Ein moderner Mensch

Ein moderner Mensch verirrte sich in der Wüste. Die unbarmherzige Sonnenglut hatte ihn ausgedörrt. Da sah er in einiger Entfernung eine Oase. »Aha, eine Fata Morgana«, dachte er, »eine Luftspiegelung, die mich narrt. Denn in Wirklichkeit ist gar nichts da.«
Er näherte sich der Oase, aber sie verschwand nicht. Er sah immer deutlicher die Dattelpalmen, das Gras und vor allem die Quelle. »Natürlich eine Hungerphantasie, die mir mein halbwahnsinniges Gehirn vorgaukelt«, dachte er. »Jetzt höre ich sogar das Wasser sprudeln. Eine Gehör-Halluzination. Wie grausam die Natur ist.«
Kurze Zeit später fanden ihn zwei Beduinen tot. »Kannst du so etwas verstehen?« sagte der eine zum anderen, »die Datteln wachsen ihm beinahe in den Mund. Und dicht neben der Quelle liegt er verhungert und verdurstet. Wie ist das möglich?«
Da antwortete der andere: »Er war ein moderner Mensch.«

Verfasser unbekannt

19. Juni
Geöffnete Augen

Nein, die Möwe Jonathan bereute auch in ihrer Einsamkeit nicht, daß sie es gewagt hatte, die Augen aufzumachen. Denn allein dadurch hatte sie die Herrlichkeit des Fliegens entdeckt. Es bedrückte sie nur, daß nicht auch die anderen Möwen diese Herrlichkeit erlebten.
Sie waren eben nicht die gleichen Wagnisse eingegangen. Entdeckt hatte Jonathan auch dies: daß nur Langeweile, Angst und Zorn das Leben verkürzen. Sie selbst hatte diese nicht lebenswerten Gefühle überwunden und führte deshalb ein langes und lebenswertes Leben.

Nach: R. Bach/R. Munson, Die Möwe Jonathan

20. Juni
Woher die Veilchen kommen

Rhea, die Göttin der Berge, liebte den schönen Attis, einen phrygischen Jüngling. Der erwiderte zunächst ihre Liebe, wandte sich dann jedoch einem sterblichen Mädchen zu. Als die beiden Hochzeit feierten, erschien die beleidigte Göttin und erfüllte die Gäste mit furchtbarem Schrecken und Wahnsinn. Attis floh in die Berge und tötete sich selbst. Aus seinem Blut aber wuchsen Veilchen hervor.

Aus dem alten Griechenland

21. Juni
Sonnen- und Mondwesen

Ein uraltes Märchen weiß, daß Sonne und Mond schon bald nach ihrer Geburt eine starke Sehnsucht nacheinander empfanden. Deshalb betrauten beide einen Stern mit der Aufgabe, ihre Worte der Liebe hin- und herzutragen. Eines Tages hatte die Sonne eine glänzende Idee, die sie unverzüglich dem Mond mitteilen ließ: Sie schlug vor, Sonnen- und Mondwesen zu schaffen, die sich auf der Erde begegnen und miteinander leben könnten. Der Mond war über diesen Einfall beglückt. Bald war das Werk vollbracht, und beide ergötzten sich an den von ihnen geschaffenen Menschenpaaren.
Ein jüngeres Märchen weiß jedoch, daß Sonne und Mond im Lauf der Zeit über das Verhalten der Menschenpaare manchmal unglücklich waren und sich deshalb in ihrer Trauer verfinsterten. Sie konnten nicht verstehen – und können es bis heute nicht –, warum ihre eigenen Wesen den häufigen Wechsel von Streit und Frieden dulden.

U.B.

22. Juni
Lebendig ist das Meer

Wer in sich still und von sich selbst gelöst am Meer dem Spiel der Wellen zuschaut, für den werden die Mythen des alten Griechenland lebendig. Wer in die Wellen hineinsieht, erahnt in der »glänzenden Flut« und der »Wogenschnelle«, der »Wellenverschlagenheit« und der »brandenden Gewalt« – das sind die Namen der Nymphen – das Treiben dieser schönen göttlichen Wesen.

23. Juni
Wagnis und Lohn

Zwei Freunde, Ganem und Salem, begaben sich auf die Reise, um ein besseres Glück zu suchen. An einem See fanden sie einen weißen Marmor, auf dem in blauer Schrift geschrieben stand, ein glänzendes Fest erwarte den, der es wage, durch den See ans jenseitige Ufer zu schwimmen. Dort finde er einen steinernen Löwen, den er auf seinen Schultern zum Gipfel des Berges zu tragen habe. Er solle den Löwen nicht absetzen, die wilden Tiere nicht fürchten und auch nicht den dornigen Weg. Der letzte Satz lautete, wer sich nicht anstrenge, werde nie sein Ziel erreichen. – Ganem wollte diesen Weg gehen, Salem aber fand zahllose Einwände gegen dieses Vorhaben. Ganem entgegnete ihm jedoch, wer pflücke schon Rosen, ohne sich an einem Dorn zu stechen, und machte sich auf den Weg. – Mit Mut und Besonnenheit, gestärkt auch durch gute Erfahrungen, erreichte er schließlich mit dem steinernen Löwen auf der Schulter eine prächtige Stadt. Als der Löwe sie sah, erhob er ein mächtiges Gebrüll, so daß eine riesige Menschenmenge aus der Stadt zusammenströmte. Einige der Vornehmsten verneigten sich vor dem Ankömmling und riefen ihn zu ihrem König aus. – Ganem hatte viel gewagt – und alles gewonnen.

Nach einer morgenländischen Erzählung

24. Juni
Wut

Die Märchen sprechen über Wut ganz anders als die Seelenkenner unserer Tage. Die Märchen erzählen immer wieder von Flächenbränden der los-gelassenen Wut. Und deshalb mahnen sie, die Zunge im Zaun zu halten, bis der Wutdrang sich verzogen habe. Und wer hat recht? Die einen ja, die anderen auch. Die eine Äußerung von Wut zerstört, die andere befreit.

25. Juni
Eros und innere Heimat

So schön und mächtig der Eros sein kann, manchmal ist die Sehnsucht nach der (inneren) Heimat stärker als er.
Auf seiner Heimreise gelangte Odysseus zur Insel Ogygia, auf der die Zauberin Kalypso lebte, eine Tochter des Riesen Atlas. Sie verliebte sich leidenschaftlich in ihn und versprach ihm ewige Jugend und Unsterblichkeit, wenn er für immer bei ihr bliebe. Doch seine Sehnsucht nach der Heimat war stärker als sein Verlangen nach Kalypso. Täglich saß er klagend am Ufer der Insel. Endlich, im siebten Jahr seines Aufenthaltes, erhörten die Götter sein Flehen und schickten den Götterboten Hermes zur Zauberin mit dem Befehl, Odysseus freizugeben.

Aus dem alten Griechenland

26. Juni
Schöpferischer Traum

Niels Bohr, der dänische Physiker und Nobelpreisträger (1922), sah im Traum die Sonne, um die sich an dünnen Bändern die Planeten drehten. Die Sonne war umgeben von brennendem Gas, das sich plötzlich verfestigte.
Als er erwachte, wußte er, wonach er schon lange gesucht hatte. Die Struktur des Atoms war ihm auf-gegangen. In der Sonne hatte er den Atomkern, in den Planeten die Elektronen erkannt. Träumend hatte er die Grundlagen der modernen Atomforschung gefunden.

Nach Rolf Faller

27. Juni
Nichts ist wichtiger als das Licht

Als Gottes Geist über den dunklen Urfluten schwebte und ihm die Idee kam, die Welt zu schaffen, gestaltete er zuerst das Licht.
Ob das bedeutet, daß es auch für den Geist des Menschen nichts Wichtigeres geben kann als das Licht, das i n n e r e ebenso wie das ä u ß e r e ?

28. Juni
Anlage oder Umgebung

Eine freundlich, bescheiden und höflich erscheinende Witwe hatte eine weise und fleißige Hausmagd. Irgendwann kam der Magd die Frage in den Sinn, ob ihre Herrin von Natur aus oder nur aufgrund ihrer Umgebung gut sei. Sie beschloß, die Frau einer Prüfung zu unterziehen.

Am nächsten Morgen erschien die Magd erst kurz vor Mittag bei der Herrin. Diese war verärgert und äußerte ihren Unmut. Die Magd entgegnete, wenn sie nur einen, vielleicht auch zwei Tage faul sei, so möge die Herrin doch nicht gleich ungeduldig mit ihr sein. Daraufhin wurde die Frau erst recht zornig.

Einen Tag später wiederholte die Magd die Prüfung. Und wieder geriet die Herrin in hellen Zorn, ja sie schlug sie sogar mit einem Stock.

Was geschah, wurde weit und breit im Land bekannt. Die scheinbar tadellose Frau verlor ihren guten Ruf, und die Magd erkannte mehr noch als bisher, daß Schein und Sein zwei ganz verschiedene Dinge sein können.

Nach einer indischen Erzählung

29. Juni
Sich nicht verbittern lassen

Die Märchen wissen es: Menschen, die das Gute wollen, werden oft verletzt, mißachtet und hintangestellt. Doch wenn sie sich nicht verbittern lassen, werden sie eines fernen Tages für ihre Treue zu sich selbst und zum Leben belohnt – w e n n sie sich nicht verbittern lassen.

30. Juni
Die schlimmste Krankheit

Ein Sultan versammelte die Weisen und Gelehrten seines Landes um sich, weil sie seine Zweifel an der höchsten aller Wahrheiten lösen sollten, seine Zweifel an Gott. Als seine eigenen Ratgeber ihn nicht überzeugen konnten, ließen sie den weisen Schachabeddin rufen. Der Greis, frei von Angst vor Menschen, nannte den Sultan krank. »Krank!« rief dieser spöttisch aus, »meine Diener haben gesehen, wie mein arabischer Hengst heute noch unter mir gestöhnt hat.« Ruhig entgegnete der weise Mann: »Am Leibe magst du gesund sein. Doch gibt es eine weit schlimmere Krankheit als die des Leibes, aber gerade die fühlt der Körper nicht . . . Es gibt einen Aussatz der Seele, eine Blindheit des Geistes. Und den Keim dieser Krankheit trägst du in dir.«

Nach einer morgenländischen Erzählung

Juli

1. Juli
Eine Geschichte nicht nur für Theologen

Ein orientalischer König wollte einst seinen Untertanen eine Freude bereiten und brachte ihnen eine Sonnenuhr mit. Uhren kannten sie nicht. Durch das Geschenk veränderte sich das Leben im ganzen Reich. Die Menschen lernten, ihre Zeit einzuteilen, waren pünktlich und zuverlässig, kurzum: Sie gingen weit sorgsamer als bisher mit ihr um und brachten es deshalb zu großem Wohlstand.
Als der König starb, bauten sie ihm – aus Dankbarkeit für seine Verdienste – um die Sonnenuhr herum einen herrlichen Tempel mit einem ebenso herrlichen Kuppeldach. Doch groß war ihre Erschütterung, als sie erkannten, was sie angerichtet hatten: Als das Werk vollendet war, sahen sie, daß die Sonnenstrahlen die Uhr nicht mehr erreichten und sie ihnen daher keine Orientierung mehr geben konnte. Das alte Leben kehrte wieder ein. Ihr Königreich zerfiel.

Aus dem alten Persien

2. Juli
Eigene Erfahrung macht klug

Ein König ließ verkünden, wer unbekleidet auf der Dachterrasse des Palastes eine Winternacht überlebe, erhalte seine schöne Tochter als Frau. So jedenfalls erzählt ein Märchen aus Malta. Alle Bewerber scheiterten. Der letzte jedoch überlebte. Er hatte in der Ferne eine kleine rote Laterne entdeckt und die ganze Nacht in deren warmen Schein gesehen. Der König aber schalt den Jüngling einen Betrüger und jagte ihn davon. – Kurze Zeit danach feierte der Herrscher ein Fest, bei dessen Vorbereitungen der ahnungslose Koch dem scheinbaren Betrüger die Küche überlassen hatte. Dieser stellte alle Töpfe auf die Herde, entzündete jedoch kein Feuer. Nur eine kleine rote Laterne stellte er in die Mitte der Küche. Als der König die kalte Küche betrat, geriet er in Zorn. Da erinnerte der Jüngling ihn an jene kalte Nacht. Der König erkannte seinen Irrtum und ließ, wenn auch verspätet, eine herrliche Hochzeit feiern.

3. Juli
Von der Brücke zwischen Mensch und Tier

Ein alter Mann, mit dem niemand sprach, weil man ihn für merkwürdig hielt, freundete sich mit einem Delphin an. Er kannte die Zeiten, in denen sein Freund in die Nähe der Klippen geschwommen kam. Und er versäumte keine Gelegenheit, mit dem Tier zu plaudern.

Lange schon hatte der Alte eine Frage, doch aus einem ihm selbst nicht bekannten Grund hatte er sie bisher nicht zu stellen gewagt.

Eines Tages faßte er sich ein Herz, zupfte an seinem verschlissenen Jacket und sagte: »Wie kommt es, daß du immer lächelst?«

Der Delphin schaute den Alten liebevoll an und antwortete nach einigem Zögern: »Auch ich habe eine Frage: Wie kommt es, daß du siehst, was viele deiner Mitmenschen nicht mehr sehen?«

Beide schwiegen, und keiner bestand darauf, daß der andere eine Antwort gäbe. Als sie sich voneinander verabschiedeten, schien es, als hätte die untergehende Sonne eine kleine leuchtende Brücke gemalt – zwischen dem lächelnden Tier und dem lächelnden Menschen.

U.B.

4. Juli
Wer zu hoch hinaus will, kann tief fallen

Weil ein armer Fischer einen verwunschenen Fisch freigelassen hatte, durfte er sich wünschen, was er wollte, und es wurde ihm zuteil. Leider aber ließ sich der Mann von seiner Frau dazu verleiten, immer größere Wünsche auszusprechen. Als sie jedoch wie Gott sein wollte, wurde es dem Mann zuviel, und er klagte dem Fisch, der ein verzauberter Prinz war, sein Leid.

Bald darauf schäumte das Meer. Der Himmel dunkelte ein. Und die Fischersleute verloren alles, was sie gehabt hatten. Sie waren ärmer als je zuvor.

5. Juli
Das tiefste Geheimnis

Auf einem Kleinod findet Bastian die Inschrift: »Tu, was du willst.« Er fragt den Löwen Graogramans, ob das nicht heiße, er dürfe alles tun, worauf er Lust habe.
Der Löwe verneint entschieden diese Frage und antwortet mit großem Ernst, das bedeute, er solle seinen »Wahren Willen« tun. D i e s e r Wille sei sein eigenes tiefstes Geheimnis.
Auf Bastians Frage, wie er denn den »Wahren Willen« finden könne, entgegnet Graogramans, er müsse den Weg der Wünsche gehen – von einem zum andern bis hin zum letzten. Der letzte Wunsch werde ihn zum »Wahren Willen« führen. Der letzte Weg aber sei der gefährlichste, denn er verlange von ihm höchste Wahrhaftigkeit und Aufmerksamkeit. Und auf keinem anderen Weg könne er sich so leicht endgültig verirren.

6. Juli
Theorie und Praxis

Die Märchen, Träume und auch alle anderen inneren Bilder sagen es immer wieder:
Gute Worte sind notwendig,
gute Taten sind notwendiger.
Einsicht ist wichtig,
Handlung ist wichtiger.
Erkenntnis ist kostbar,
gelebte Verantwortung ist kostbarer.
Weisheit ist wertvoll,
Liebe ist wertvoller.

7. Juli
Es kommt nicht nur auf uns an

Große Unruhe herrschte auf dem Hühnerhof. Die Sorge hatte sich aller Hennen bemächtigt. Alle befürchteten, daß am nächsten Morgen die Sonne nicht aufgehen würde. Was war der Grund für diese Furcht?
Der Hahn war erkrankt. Er war so schwer erkrankt, daß mit seinem Krähen am nächsten Morgen nicht zu rechnen war. Und wenn der Hahn die Sonne nicht riefe, so dachten die Hennen, wie sollte dann die Sonne aufgehen?
Der nächste Morgen kam, und mit ihm kamen die Strahlen der Sonne, warm und kraftvoll wie an allen Tagen zuvor. Der Hahn hatte sie nicht rufen können, und trotzdem war sie aufgegangen.
Da hatten die Hennen etwas Wichtiges gelernt.

8. Juli
Die Kinder und die Freude

Kein Haus der inneren Welt wird so oft von Kindern umlagert wie das der Freude. Viele von ihnen kommen schon am frühen Morgen und bleiben nicht selten bis zum Abend. Die Großen fragen sich immer wieder, warum das so ist.

Einige meinen, die Freude erwarte von den Kindern nichts. Die nächsten nehmen an, daß sie sie verwöhne. Andere sind der Ansicht, die Freude sei, wie die Kinder selbst, ein wenig naiv. Jedenfalls geht es sehr ernst zu, wenn die Erwachsenen um die Antwort auf diese Frage ringen.

Fragt man die Freude selbst, warum die Kinder ihre Nähe suchen, dann lacht sie nur und sagt: »Es scheint so, als wäre ich für sie das Wichtigste im Leben.«

U.B.

9. Juli
Meeresbläue und Meeresstille

Wenn das Meer sich blau färbt oder still wird, dann ist Glaukos Pontios, der Gott der Meeresbläue und Meeresstille, am Werk.
Dieser Gott war einst ein sterblicher Fischer. Eines Tages fing er Fische und warf sie halbtot an den Strand. Da sah er, daß sie bei der Berührung mit einem Strandkraut ihre Lebenskraft wiedererlangten und ins Meer zurücksprangen. Daraufhin aß er selbst von diesem Kraut und wurde auch von dessen Wunderkraft durchwirkt. Er stürzte sich in die Fluten und wurde von den Göttern des Meeres in ihren Kreis aufgenommen.

Aus dem alten Griechenland

10. Juli
Was man dem Himmel alles zutraut

Als Gott die Handwerke auf der Erde verteilte, so erzählte einst ein humorvoller alter Zigeuner, schickte er den heiligen Petrus auch zu einem Zigeuner. In einer armseligen Hütte fand er ihn. Er lag auf kargem Stroh. Auf Petrus' Frage, was er denn da mache, antwortete jener, er scheuche sich die Fliegen vom Bauch. Trotz dieser kecken Antwort versprach Petrus, er werde auch für ihn ein Handwerk finden. Er müsse nur bei der Heiligen Majestät vorstellig werden.

Die Aussicht auf Arbeit beglückte den Zigeuner nicht übermäßig. Deshalb wollte er zunächst einmal abwarten, was seine Frau – er hatte sie zum Stehlen losgeschickt – an guten Dingen mitbringen würde. Die Frau brachte jedoch nichts nach Hause. Da er aber immer hungriger wurde, suchte er schließlich die Heilige Majestät auf, allerdings zu spät. Alle Arbeiten waren bereits vergeben. Der gütige Herr mochte ihn jedoch nicht mit leeren Händen entlassen und beauftragte ihn mit dem Stehlen und seine Frau mit der Wahrsagerei. Der Zigeuner mochte der Heiligen Majestät nicht widersprechen. Und darin liegt der Grund, so sagte der alte Mann augenzwinkernd, warum die Zigeuner fortan in der Welt beschimpft und verjagt wurden.

Nach einem Zigeunermärchen

11. Juli
Glück und Verzweiflung

Die Märchen wissen es: Glücklich sind immer nur die Könige, die nicht Gold oder Macht als das Wichtigste betrachten, sondern Güte und Weisheit. Und das wissen die Märchen auch: Verzweifelt sind oft nur jene Armen, die sich in ihren kargen Hütten nach den bunten Schlössern sehnen.

12. Juli
Wo der Sinn zu finden ist

Eine Legende erzählt: Es waren zwei Mönche, die lasen miteinander in einem alten Buch, am Ende der Welt gebe es einen Ort, an dem der Himmel und die Erde sich berühren. Sie beschlossen, ihn zu suchen und nicht umzukehren, ehe sie ihn gefunden hätten.
Sie durchwanderten die Welt, bestanden unzählige Gefahren, erlitten alle Entbehrungen, die eine Wanderung durch die ganze Welt fordert, und alle Versuchungen, die einen Menschen vom Ziel abbringen können. Eine Tür sei dort, hatten sie gelesen, man brauche nur anzuklopfen und befinde sich bei Gott.
Schließlich fanden sie, was sie suchten. Sie klopften an die Tür, bebenden Herzens sahen sie, wie sie sich öffnete, und als sie eintraten, standen sie zu Hause in ihrer Klosterzelle.
Da begriffen sie: Der Ort, an dem Himmel und Erde sich berühren, befindet sich auf dieser Erde, an der Stelle, die Gott uns zugewiesen hat.

13. Juli
Nichts Größeres als die Liebe

Kahlil Gibran, der große Menschen- und Lebenskenner, kennt einen besonderen Berg. Er hält ihn für den höchsten in der Welt und nennt ihn den »gesegneten«. Wer dessen Gipfel erreiche, sagt er, habe nur ein Verlangen: ins tiefe Tal hinabzusteigen und mit denen zu leben, die dort wohnen.

Nach: Sand und Schaum

14. Juli
Gründe für Glück

Ein Mann sah im Traum das Glück. Schon von weitem lachte es ihn an. Es war geschmückt mit tausend roten Rosen, und in seinem Gefolge befanden sich tausend rote Töne.
Der Mann sagte: »Ich will dich haben.«
»Haben kannst du micht nicht, finden kannst du mich«, entgegnete das Glück.
Er fragte: »Und wie kann ich dich finden?«
»Indem du G r ü n d e für mich findest«, antwortete das Glück.
»Gründe für dich?« fragte der Mann ungläubig zurück. »Gründe für mich findest du, wenn du Gründe zum L e b e n findest«, fuhr die fröhliche Gestalt fort, »und dann stelle ich mich gern bei dir ein.« Damit entfernte sich das Glück.
»Gründe für Leben« – mit diesen Worten auf den Lippen wachte er auf – und begann sie zu suchen.

U.B.

15. Juli
Unverbrüchliche Treue

Wo die Natur geheimnisvoll und unberührt ist, da lebten die schönen und scheuen Nymphen, die göttlichen Mädchen. In aller Regel entzogen sie sich den Menschen. Gleichwohl erzählt manche Sage von ihrer Liebe zu sterblichen Männern. W e n n sie sich auf einen Mann einließen, dann verlangten sie von ihm unverbrüchliche Treue. Daphnis, der schöne Hirte, hielt sich nicht an diese Forderung. Darum bestrafte ihn seine Nymphe mit dem Verlust des Augenlichtes (seine Klagen um das verlorene Glück und seine schmerzvoll-süßen Lieder sollen die ersten Hirtengedichte Griechenlands gewesen sein).

Aus dem alten Griechenland

16. Juli
Der Kampf am Wendepunkt

An den Wendepunkten des Lebens findet mancher Kampf im Innern statt, den ein Mensch nicht will, weil er ihn nicht versteht. Doch ist mancher dieser Kämpfe der Beginn eines befreiten Lebens, weil der scheinbare Widersacher das Beste aus ihm herauskämpft. Ein Beispiel dafür ist diese ergreifende alttestamentliche Erzählung: In einer Nacht stand Jakob auf, nahm seine beiden Frauen, seine beiden Mägde sowie seine elf Söhne und ... ließ sie den Fluß (Jabbok) überqueren ... Als nur noch er allein zurückgeblieben war, rang mit ihm ein Mann, bis die Morgenröte aufstieg. Als der Mann sah, daß er ihn nicht überwältigen konnte, schlug er ihn aufs Hüftgelenk. Und Jakobs Hüftgelenk renkte sich aus ... Der Mann sagte: »Laß mich los, denn die Morgenröte ist aufgestiegen.« Jakob aber entgegnete ihm: »Ich lasse dich nicht, es sei denn, du segnest mich.« Jener fragte: »Wie heißt du?« »Jakob«, antwortete er. Da sprach der Mann: »Nicht mehr Jakob wird man dich nennen, sondern Israel (Gottesstreiter), denn mit Gott und Menschen hast du gestritten und gesiegt.« Dann fragte Jakob: »Nenne du mir doch auch deinen Namen.« Jener entgegnete: »Was fragst du *mich* nach meinem Namen?« Dann segnete er ihn dort.

17. Juli
Weit-Sicht

Ein Fuchs sah bei einem Spaziergang durch den Wald einen alten Eber, der seine Hauer an einem Baum wetzte. Er fragte ihn, warum er seine Zeit vergeude. Der Fuchs wies auch darauf hin, daß er nichts zu befürchten habe, da keine Jagdzeit sei.
Das Wildschwein sah nur kurz auf und antwortete: »Wenn ich in Gefahr bin, habe ich keine Zeit, meine Hauer zu wetzen. Wenn ich in Gefahr bin, habe ich Zeit nur für eines: mein Leben zu retten.«

18. Juli
Göttliche Strafe für menschlichen Übermut

Sisyphos, der Gründer und Erbauer von Korinth, herrschte lange Zeit unbekümmert als König dieser herrlichen Stadt. Eines Tages verriet er – aus purem Übermut – den Göttervater Zeus und wurde dafür mit dem Tode bestraft. Denn nichts erzürnt die Götter mehr als der Versuch der Menschen, sich mit ihnen messen zu wollen.
Zunächst allerdings war Sisyphos stärker als Thanatos, der Herr der Unterwelt, und kehrte nach erfolgreichem Kampf in sein genußreiches Leben zurück. Dann aber gelang es dem Tod durch eine List, den König doch ins Reich der Schatten zu bringen.
Schrecklich war die Strafe, die Zeus dem hochmütigen Frevler in diesem Reich bestimmt hatte. Seine Aufgabe bestand darin, einen riesigen Marmorstein einen Hügel hinaufzuwälzen. Kaum hatte er ihn auf den Gipfel gewälzt, stürzte der Felsblock wieder in die Tiefe. Immer und immer wieder, durch alle Zeiten hindurch mußte Sisyphos – unter unsäglichen Mühen – diesen Versuch wiederholen. Und nie kam er ans Ziel.

Aus dem alten Griechenland

19. Juli
Man kann nicht alles wissen

Die Märchen wissen es: Ein kluger Wanderer fragt bei vertrauenswürdigen Gestalten um Rat, wenn er auf seinem Weg zum Glück nicht weiterweiß. Denn das Leben ist z u g r o ß, als daß ein Mensch alles aus sich selber wissen könnte.

20. Juli
Träume sind keine Schäume

Ein Hausierer aus Swaffham hatte drei Nächte hintereinander einen wundersamen Traum. Er träumte, er solle auf die Brücke von London gehen, denn dort warte eine gute Nachricht auf ihn.
Er machte sich auf den Weg und kam völlig ermüdet auf der Brücke an. Drei Tage verbrachte er dort, ohne daß sich Wichtiges ereignete. Dann sprach ihn ein Händler an und fragte ihn, ob er etwas zu verkaufen habe. Der Hausierer verneinte, berichtete ihm aber seinen Traum. Der Händler lachte herzlich und entgegnete: »Wegen eines dummen Traumes bist du so weit gegangen? Stell dir vor, letzte Nacht habe ich von einem verborgenen Schatz im Obstgarten eines Hausierers aus Swaffham geträumt. Glaubst du, ich würde deshalb einen so langen Weg auf mich nehmen?« Da lachte der Hausierer und lief, so schnell er konnte, nach Hause zurück.

Nach einem englischen Märchen

21. Juli
Stille in der Mittagszeit

Pan, dem griechischen Hirtengott, gehörte die Stille der heißen Mittagsstunde. In dieser Zeit wagten die Hirten nicht, die Ruhe des mächtigen Gottes zu stören. Hielten sie sich nicht an dieses (ungeschriebene) Gesetz, so erschien Pan mit seltsamen Geräuschen oder plötzlichem Lärm und verbreitete seinen gefürchteten »panischen Schrecken«. Dann liefen die Herden auseinander und rannten blindlings in den todbringenden Abgrund hinein.

Aus dem alten Griechenland

22. Juli
Licht ohne Schatten?

In einem Kornfeld gegenüber dem Feld der Sonnenblumen stand eine rote Mohnblüte. Sie hatte tiefen Respekt vor den großen gelben Blüten jenseits des Weges. Mit einer gewissen Verwunderung beobachtete sie jedoch, daß die Kelche ihrer gelben Schwestern sich ausschließlich der Sonne zuneigten. Als ihre Neugier stärker wurde, rief die Mohnblume ihnen zu: »Warum dreht ihr eure Köpfe ständig in die Richtung der Sonne?«
Die Sonnenblumen taten, als hätten sie die Frage nicht gehört. Hochmütig schauten sie weiter ins Licht. Nur eine kleine, die am Rande stand, rief zurück: »Wir sind das Ebenbild der Sonne, doch nur von vorn. Wir sind für das Leben im Licht geschaffen.«
Die Mohnblume ließ ihre Stempelaugen in ihrer Blüte kreisen und erkannte, daß sie selbst rundum leuchtete. Versonnen murmelte sie vor sich hin: »Da stehen sie, geblendet vom Licht. Wie können sie Licht sein, ohne ihren Schatten zu kennen?«

Margrit Böschemeyer

23. Juli
Die Ohnmacht der einzelnen

Ein Mann hatte fünf Söhne, die ständig miteinander stritten. Eines Tages war er des Streitens müde. Da nahm er fünf gleich lange Holzstücke, band sie zu einem Bündel zusammen und forderte jeden einzelnen Sohn auf, das Bündel über dem Knie zu zerbrechen. Keinem von ihnen gelang es. Der Vater löste die Schnur, gab jedem Sohn ein einzelnes Stück und sagte: »Zerbrechlich wie jedes dieser Hölzer ist der Mann, der allein ist. Stark wie das Bündel dagegen ist der, der mit seinen Brüdern zusammenhält.«

24. Juli
Grund für Versöhnung

In einer langen Sommernacht sah eine Nachtigall ein sich streitendes Menschenpaar des Weges kommen. Sie hatte schon längst zu singen aufgehört und sich auf den Schlaf gefreut. Als sie jedoch die Streitenden bemerkte, überkam sie ein tiefes Mitgefühl mit den ihr fremden Wesen und begann erneut zu singen. Die schönsten Töne und Weisen entließ sie in die Nacht. Fast schien es ihr, als habe sie noch nie ein solches Konzert gegeben. Trotz ihrer Konzentration auf die Musik entging ihr nicht, daß die beiden zunächst leiser stritten, dann schwiegen und schließlich auf sie zu lauschen begannen. Und als sie vor lauter Freude über diese Wandlung sich in die höchsten Töne hineinsang, sah sie, daß die beiden, die eben noch miteinander gestritten hatten, sich behutsam die Hände reichten.

U.B.

25. Juli
Unvernünftige Fragen

Am allervernünftigsten sei es, nicht allzu vernünftig zu sein, hat Viktor Frankl einmal gesagt. Zu den Unvernünftigkeiten gehören sicher manche Fragen, die »die Großen« nicht mehr stellen. Doch sind es oft gerade sie, die dem Leben Leichtigkeit geben und die Tore zum Land der Phantasie (wieder) öffnen könnten. Von Kindern kennen wir sie und auch von Märchen. Ein Beispiel? Vielleicht dieses: Warum haben alle Bohnen eine Naht?

Ein Strohhalm, eine Kohle und eine Bohne wollten eine große Reise machen. Doch als sie an einen Bach gelangten, war guter Rat teuer. Bei der verwegenen Unternehmung, gemeinsam das Hindernis zu überqueren, scheiterten alle drei. Dabei schluckte die Bohne so viel Wasser, daß sie zerplatzte. Glücklicherweise hatte ein Schneider den Vorfall bemerkt, nahm Nadel und Zwirn zur Hand und nähte die Bohne wieder zusammen. D a r u m haben alle Bohnen seit damals eine Naht.

26. Juli
Eigen-Ständigkeit

Zwei junge Birken, die in einiger Entfernung voneinander wuchsen, hatten sich liebgewonnen. Beide waren sehr schön. Ihre Rinden schimmerten silbern verführerisch durch die hellen Frühlingstage. Sie führten zarte Gespräche miteinander, und durch den Wind glitt ihre Sehnsucht von einer zur anderen.
Da entschloß sich die eine Birke, etwas näher an die andere heranzurücken und bog deshalb – kurz über der Wurzel – ihren noch geschmeidigen Stamm in die Richtung der Freundin. Beide wuchsen weiter. Die eine wuchs schlank und biegsam in die Höhe, die andere kroch wie eine Schlange mit langem Leib über den Boden, bis sie endlich ihre große Liebe berühren konnte. Zu spät jedoch bemerkte sie, daß sich durch das einseitige Wachstum ihre Wurzeln aus dem Boden gehoben hatten. Eines Tages war es ein leichter Herbstwind, der sie gänzlich aus der lockeren Erde löste.

Margrit Böschemeyer

27. Juli
Das verdunkelte Herz

Ein Wanderer der »inneren Welt« wußte, daß er sich in der Nähe seines Herzens befand. Er wunderte sich jedoch darüber, daß er es nicht sah. Da erhellte ein plötzlich einfallender Lichtschein seinen Ort, und er fand, was er suchte. Doch er erschrak. Sein Herz erschien ihm viel zu dunkel. Und als er näher herantrat, sah er den Fluß der ungeweinten Tränen, der sein Innerstes verdunkelt hatte.

Aus einer »inneren Wanderung«

28. Juli
Ins blühende Land kommt nicht der gespaltene Mensch

Ein Mensch wird von seinem »Schattenmenschen« verfolgt, dessen Gesicht einer Fratze gleicht.
Die beiden treffen auf einen Spiegel. Beide sehen in ihn hinein. Der Mensch sagt: »Ich kann mich nicht sehen, denn die Fratze versperrt mir den Blick.« Er will nicht begreifen, daß er sich auch mit seinem Schatten sieht.
Die beiden wandern weiter und gelangen ans Ufer eines großen Stromes, hinter dem blühendes Land sichtbar wird. So gern möchte der Mensch dorthin, doch sieht er keine Brücke. Großer Wind kommt auf. Und aus dem Wind ertönt eine Stimme, die zu dem Menschen sagt: »Dich kann ich hinübertragen, doch nicht euch zwei.«

Aus einer »inneren Wanderung«

29. Juli
Die beste Seite ansprechen

Eine Witwe, die nach der Eroberung Belgrads durch die Türken nachts beraubt worden war, wandte sich an Soliman, den Kaiser der siegreichen Armee, und klagte ihm ihr Leid. Soliman war diese Beschwerde lästig, und er begnügte sich mit dem Einwand, sie hätte nicht so fest schlafen sollen. Unerschrocken – und klug – entgegnete die Witwe, sie habe sorgenfrei geschlafen, und gab auch die Begründung dafür: »Ich glaubte nämlich, daß deine Gerechtigkeit die Tür meines Hauses bewache. Wie konnte ich daran denken, daß deine Soldaten, die die Grenze des Landes gegen Fremde verteidigen, die eigenen hilflosen Untertanen bestehlen könnten?«
Der Kaiser fand großes Gefallen an der Klugheit der Frau und ließ ihren Verlust zweifach ersetzen.

Nach einer morgenländischen Erzählung

30. Juli
Die wartenden Brunnen

Eine uralte Sage weiß, daß ungezählte Brunnen darauf warten, von Menschen gefunden zu werden. Und sie weiß auch, daß in der Tiefe dieser Brunnen Lieder der Freiheit, der Liebe, der Hoffnung und der Lebenslust gesungen werden. Doch klingen die Lieder nur leise nach oben. Zu hören sind sie, wenn man sich über den Brunnenrand beugt.
Sicher ist – das weiß die Sage auch –, daß, wer sie zu hören begonnen hat, in den Brunnen hinabsteigen wird, um das große Konzert der Tiefe aus unmittelbarer Nähe zu erleben.

U.B.

31. Juli
Nur ein Mensch

Ein Statthalter, dem zeit seines Lebens viel Ehre entgegengebracht worden war, wurde im Reich der Schatten von nie gehörten harmonischen Tönen aus einem Rosen- und Myrtenhain empfangen. Die Musik beflügelte ihn in seiner Vorfreude auf all jene Menschen, denen er in seiner Erdenzeit viel bedeutet hatte. Doch groß war seine Trauer, als er bemerkte, daß er niemanden kannte und auch von niemandem erkannt wurde.
Da sah er, daß ein neuer Schatten das Reich betrat und von vielen mit Freude und Ehre empfangen wurde. Verwundert sprach der Statthalter den Unbekannten auf seinen besonderen Empfang an. »Du wunderst dich darüber?« entgegnete dieser. »Du warst doch auf der Oberwelt nichts anderes als ein großer Herr.«
»Und wer warst du?« fragte der einstige große Herr. »Ein M e n s c h«, antwortete der neue Schatten leise.

Nach einer morgenländischen Erzählung

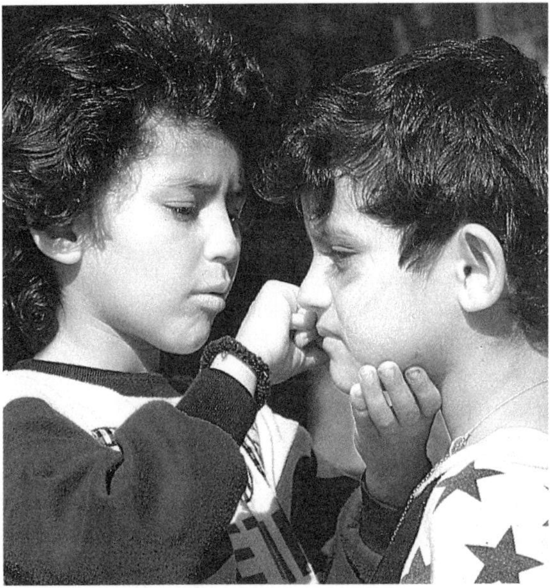

August

1. August
Warum Menschen Menschen nicht verstehen

Auf den ersten Seiten der Bibel wird eine Geschichte erzählt, deren Thema in vielen Variationen von allen Kulturen nacherzählt wurde. Und diese Geschichte ist noch immer so aktuell wie an dem Tage, an dem man sie zum ersten Mal erzählte:

Alle Menschen hatten die gleiche Sprache und gebrauchten die gleichen Worte . . . Dann sagten sie: »Auf, bauen wir uns eine Stadt und einen Turm mit einer Spitze bis zum Himmel, und machen wir uns damit einen Namen . . .«

Da stieg Gott herab, um sich Stadt und Turm anzusehen, die die Menschenkinder bauten. Er sprach: »Seht nur, ein Volk sind sie, und eine Sprache haben sie alle. Und das ist erst der Anfang ihres Tuns. Jetzt wird ihnen nichts mehr unerreichbar sein, was sie sich auch vornehmen. Auf, steigen wir hinab, und verwirren wir dort ihre Sprache, so daß keiner mehr die Sprache des anderen versteht.« Gott zerstreute sie von dort aus über die ganze Erde, und sie hörten auf, an der Stadt zu bauen. Darum nannte man die Stadt Babel (Wirrsal).

2. August
Widerstand gegen Gesundung

Eine junge, psychosomatisch erkrankte Frau antwortete auf die Frage, ob sie gesund werden wolle, empört: »Ja, selbstverständlich!« In der darauf folgenden inneren Wanderung zum »Ort der Gesundung« erlebte sie eine merkwürdige Überraschung:
Nach langen Wegen, die sie tief in die innere Welt führten, gelangte sie zu einem kleinen, abgedunkelten Raum. Widerstrebend betrat sie ihn. In einer Ecke kauerte ein offenbar kranker Mensch, den sie nicht zu kennen schien. Zögernd näherte sie sich ihm und – erkannte sich selbst. Sie erschrak.
Nachdem sie sich von ihrem Erschrecken erholt hatte, ging sie auf »sich« zu und wollte »sich« aufrichten. Denn ihr war klar, daß sie die kranke Gestalt so rasch wie möglich aus ihrem Verlies herausbringen müßte. Groß war jedoch ihre Überraschung, als sich die in der Ecke Kauernde mit Händen und Füßen gegen ihre Befreiung zur Wehr setzte. Sie wollte den Raum nicht verlassen.
Da begriff die junge Frau etwas ganz Wichtiges.

3. August
Wer im Geringen nicht treu ist

Ein Weiser war im Besitz der Kenntnis von Gottes heiligem Namen. Ein Jüngling, der davon erfuhr, ging zu ihm hin und diente ihm längere Zeit. Als er meinte, dem Alten lange genug behilflich gewesen zu sein, fragte er ihn nach dem Geheimnis. Er wies auch darauf hin, daß der Name Gottes bei ihm besonders gut aufgehoben sei.
Statt das Geheimnis zu offenbaren, schickte der Alte den Jungen mit einer Schüssel, um die ein Tuch gebunden war, zu einem Freund. Umgehend machte sich der Jüngling auf den langen Weg. Als er die Nilbrücke erreicht hatte, konnte er der Versuchung nicht länger widerstehen: Er wollte wissen, warum ihn der Weise auf diese Reise geschickt habe. Er nahm das Tuch beiseite und sah – auf eine Maus. Diese sprang aus der Schüssel heraus und lief davon.
Voll Wut kehrte er zurück. Er zweifelte nicht daran, daß der Weise sich über ihn nur hatte lustig machen wollen. Schon von weitem erkannte der Alte, was geschehen war, und rief ihm entgegen: »Du Tor! Ich habe dir eine Maus anvertraut, und du hast mich betrogen. Wie könnte ich dir Gottes heiligen Namen anvertrauen?«
Sprach's und schickte den Jüngling fort.

Nach einem orientalischen Märchen

4. August
Das Geheimnis der Liebe

Als Göttervater Zeus in Begleitung seines Sohnes Hermes zur Erde hinabstieg, um den Menschen ins Herz zu schauen und ihre Gastfreundschaft zu prüfen, war er von ihrem Verhalten tief enttäuscht. Da begegnete er Philemon und Baukis, jenem alten, in Armut lebenden Paar, dessen Liebesgeschichte durch die Zeiten hindurch weitererzählt wurde.
Was war das Geheimnis ihrer Liebe, an dem sogar die Götter Wohlgefallen hatten?
Ihr Geheimnis war ihre Liebe zum L e b e n, an der auch ihre partnerschaftliche Liebe teilhatte.

Aus dem alten Griechenland

5. August
Alles Leben hat zwei Seiten

Alles Leben, auch das menschliche, beruht auf dem Wechselspiel polarer Faktoren, und diese Polarität ist für alles Leben bestimmend. Ein Mensch atmet ein und atmet aus, er arbeitet und ruht, er liebt und zürnt, er ist Natur, und er ist Geist. Und wenn er gesund bleiben will, kommt es darauf an, daß seine Gegenpole ständig miteinander verbunden sind, sich ausgleichen und ergänzen, weil Leben sonst erstarrt und daher nicht wächst.
Eindrucksvoll wird die Polarität des Lebens in der »Unendlichen Geschichte« so beschrieben:
»Die reglosen Riesenleiber der Schlangen (die den Brunnen in Phantasien umfassen und hüten) glänzten wie unbekanntes Metall, nachtschwarz die eine, silberweiß die andere. Und das Verderben, das sie hervorrufen konnten, war nur gebannt, weil sie sich gegenseitig gefangenhielten. Wenn sie sich je losließen, dann würde die Welt untergehen. Das war gewiß.«

6. August
Welt in Gott

Die Fische eines Flusses sprachen zueinander: »Man behauptet, daß unser Leben vom Wasser abhängt. Aber wir haben noch niemals Wasser gesehen. Wir wissen nicht, was Wasser ist.«
Da sagten einige, die klüger waren als die anderen: »Wir haben gehört, daß im Meer ein gelehrter Fisch lebt, der alle Dinge kennt. Wir wollen zu ihm gehen und ihn bitten, uns das Wasser zu zeigen.« So machten sich einige auf und kamen auch endlich in das Meer und fragten den Fisch. Als der Fisch sie angehört hatte, sagte er: »Oh, ihr dummen Fische! Im Wasser lebt und bewegt ihr euch. Aus dem Wasser seid ihr gekommen, zum Wasser kehrt ihr wieder zurück. Ihr lebt im Wasser, aber ihr wißt es nicht.«
So lebt der Mensch in Gott. Gott ist in allen Dingen, und alle Dinge sind in Gott. Und doch fragt der Mensch: Kann es Gott geben? Was ist Gott?

Aus einer Klosterhandschrift

7. August
Das Original

Auf einer »inneren Wanderung« wanderte ein Mann, der sich wenig wert fühlte, zu seinem »inneren Bild«:
Nach einem langen Weg, der ihn durch Höhlen hindurch, über Höhen hinweg und an Seen vorbei führte, gelangte er zu einem Schloß. Die Bediensteten warteten bereits auf ihn. Sie geleiteten ihn in einen wunderschönen Raum, in dessen Mitte ein großer Spiegel stand.
Nur zögerlich näherte sich der Mann dem Spiegel – aus Angst, wieder von sich enttäuscht zu werden. Doch dann begann sein Gesicht zu leuchten: Er sah ein Bild von sich, wie er es nie gesehen hatte, voll innerer Schönheit, Klarheit und Tiefe, ein fremdes und doch seltsam vertrautes Bild. Ihm war, als hätte er nach langer Wanderung seine fast vergessene Liebe wiedergefunden.

8. August
Sich zu sammeln lernen

Reiher, die alte Seherin, führte Wolfsträumer auf einen Hügel hoch über den heißen Quellen und gab ihm nur die einzige Aufgabe, einen freien Kopf zu bekommen und die Stille h i n t e r allen Geräuschen zu entdecken. Sie sagte: »Verbanne alle Worte aus deinem Kopf. Laß nicht einen Gedanken zu. Nicht ein einziges Bild darf deinen Verstand beschäftigen. Du mußt den Verstand verlieren, ganz leer sein, bevor du dich füllen kannst.« – Wolfsträumer empfand diese Aufgabe als leicht lösbar. Deshalb wunderte er sich über den Satz der Alten, den sie bei der Verabschiedung ganz leise sagte: »Vergiß nicht, du selbst bist dein einziger Feind.« – Der junge Mann schloß die Augen und konzentrierte sich – etwa sechs Herzschläge lang – nur auf die Geräusche der Quellen. Dann aber stahlen sich Worte und Bilder in seine Gedanken hinein, längst vergessene Begebenheiten ebenso wie gerade Erlebtes. Und die Geräusche der Quellen gelangten nicht mehr an sein Ohr. Und so sehr er sich darum bemühte, sich von den lästigen Gegnern zu befreien – es gelang an diesem Tag nicht mehr. – Jeder neue Versuch aber brachte ihm längere Zeiten der Sammlung und führte ihn einem neuen Leben entgegen.

Nach: W.M. und K. Gear, Im Zeichen des Wolfes

9. August
Herzensbildung

Warum nur ist in Märchen so oft von Dummen und Häßlichen die Rede, die, von der Welt zunächst verachtet, schließlich glücklicher als alle anderen wurden?
Gewiß nicht, um Dummheit und Häßlichkeit als besondere Werte hinzustellen. Von ihnen ist die Rede, um den Zuhörer von der oberflächlichen Betrachtung eines Menschen wegzulocken und ihm Ein-Blicke in seine Tiefe zu vermitteln. Denn – und das ist den alten Erzählern ganz gewiß – nicht scharf geschliffener Verstand, nicht Schönheit und nicht Reichtum, nichts, was sonst noch auf den ersten Blick attraktiv erscheinen mag, macht den Wert eines Menschen aus. Und was macht ihn aus?
Seine Herzensbildung und also sein Wohlwollen dem ganzen Leben gegenüber.

10. August
Wie der Neid sein Wesen verlor

Einmal im Jahr, wenn der Sommer vor lauter Lust am Leben nur kurze Nächte braucht, lädt die Liebe zum »Ball der großen Freude« ein. Das letzte Mal war das Fest ganz anders als sonst verlaufen. Es wollte keine rechte Stimmung aufkommen. Den Grund dafür erkannte zumindest die Liebe recht bald. Der Neid, der nicht geladen war, hatte sich unter die Feiernden gemischt und einzelne Gäste gegeneinander aufgehetzt, indem er sie auf die »bemerkenswerten Vorzüge« der anderen aufmerksam gemacht hatte.

Da ging die Liebe hin zum Neid. Und was dann geschah, wird wohl noch lange die Gemüter der anwesenden Gäste beschäftigen: Sie legte ihren Arm um den ungebetenen Gast und sagte nur: »Verzeih mir, daß ich dich nicht eingeladen hatte. Darf ich dich um den nächsten Tanz bitten?« Die beiden tanzten zunächst allein auf dem glänzenden Parkett. Die anderen waren zu verblüfft, als daß sie gleich hätten mittanzen können. Dann sahen sie die auffordernden Blicke der Musiker (sie waren aus dem »Kleinen leuchtenden Grund-Land« angereist gekommen) – und verstanden.

Kürzlich sagte der Neid, an jenem Abend habe er sein Wesen verloren.

U.B.

11. August
Tränen können Juwelen sein

Eine indische Legende erzählt von einem Heiligen, der eine goldene Krone trug. Als er in den Himmel kam und sah, daß alle anderen Heiligen juwelenbesetzte Kronen trugen, fragte er: »Warum hat meine Krone keine Juwelen?« Der Engel antwortete: »Weil du keine gegeben hast. Diese Juwelen sind die Tränen, welche die Heiligen auf Erden vergossen haben. Du hast keine Tränen geweint.«
»Wie konnte ich«, fragte der Heilige, »wo ich so glücklich war in der Liebe zu Gott?«
»Das ist viel«, sagte der Engel. »Hier ist die Krone, sie ist aus Gold, aber Juwelen sind nur für jene, welche weinten.«

12. August
Solange es Leben gibt

Eine große Dürre hatte das ganze Land ausgetrocknet. Nur eine Blume lebte noch, weil eine winzige Quelle ihr ein paar Tropfen Wasser schenkte. Doch die Quelle klagte: »Wozu bin ich noch da, wenn doch das ganze Land verdirbt?« Ein alter großer Baum hörte ihre Klage und antwortete ihr, bevor er starb: »Für die Blume natürlich, für die Blume . . .«

Nach einem afrikanischen Märchen

13. August
Wie die Berge entstanden

Im Anfang des Lebens, so erzählt ein indianisches Märchen, gab es nichts als Dunkel, Wasser und Wirbelsturm. Es gab auch keine Menschen. Es gab nur die vier heiligen Wesen: das Weiße Hosch-tschin, das Schwarze Hosch-tschin, den Heiligen Knaben und den Roten Knaben. Und diese vier besaßen den Stoff, aus dem alles Leben später erschaffen wurde.

Als sie die Berge schufen, formten sie zunächst vier kleine Erdhügel und legten in jeden von ihnen Samen und Früchte hinein. Jeder Hügel hatte seine eigene Farbe. Der erste war aus schwarzer, der zweite aus blauer, der dritte aus gelber und der vierte aus glitzerndweißer Erde gebildet. Nachdem nun die Heiligen Vier die Hügel mit Wasser begossen hatten und diese zu wachsen begannen, stellten die Vier sich auf und begannen zu s i n g e n. Sie sangen und sangen, bis auch die Früchte in den Hügeln zu wachsen begannen und die vier kleinen Berge zu einem Gebirge zusammengewachsen waren.

Nach einem indianischen Märchen

14. August
Die Klugheit des Schafes

Ein scheinbar gnädiger Wolf sagte zu einem scheinbar dummen Schaf, ob es nicht seinem Haus die Ehre erweisen wolle.
Da antwortete das Schaf, sehr wohl würde es ihn mit seinem Besuch beehren mögen, wenn nicht sein Haus in seinem Magen läge.

Nach: Kahlil Gibran, Sand und Schaum

15. August
Nur für Suchende

Einmal am Tag machte der junge Mann einen Spaziergang durch den kleinen verwilderten Park, der von großen Betonklötzen umgeben war. Nur selten begegnete er hier anderen Menschen. An der Eingangspforte war ein rostiges Schild befestigt: »Nur für Suchende«.
Immer wieder zog es den jungen Mann hierher, obwohl er die Suche nach Besonderheiten längst aufgegeben hatte. Heute jedoch geschah etwas Besonderes mit i h m. Er saß, wie immer, auf der einzigen Bank. Er schloß die Augen. Aus den Wipfeln der hohen Bäume wehte eine zarte, fremde Musik zu ihm hinunter. Dann sah er sie, die Elfen, die zu dieser Musik – in einem großen Kreis – den Tanz des Friedens tanzten.
Nach langer Zeit verließ er den Park. Und bevor er wieder zu den großen Häusern ging, entfernte er das alte Schild.

Margrit Böschemeyer

16. August
Jeder hat seine persönliche Aufgabe

Die Märchen wissen es: Darauf kommt es nicht an, daß der Vogel besonders schnell läuft oder das Huhn besonders hoch fliegt. Darauf kommt es nicht an, daß der zum Mönch gewordene Gaukler im Gebet besonders kundig ist oder der Straßenfeger besonders schön singt.
Nur das ist wichtig, daß jeder das Beste, was *ihm* gehört, aus sich herauslebt.

17. August
Abgewiesene Hilfe

In einer Nacht hatte ein durch seine Tage hetzender Mann einen wunderschönen Traum:
Er stand an einem Bach. Die Morgensonne spielte mit den winzigen Strudeln des fließenden Wassers. Die Luft war klar, die Stille wohltuend.
Der Träumer tat nichts. Er war nur da. Er nahm nur auf: die wohltuende Stille, die klare Luft, die Morgensonne, die Schönheit der Bilder. Tiefes Glück zog durch alle seine Poren.
Mit einem Lächeln wachte er auf.
Nur eine Stunde später bediente er zwei Telefone zugleich, griff nach seinem Medikament und murmelte, als sich ihm der Traum noch einmal zeigen wollte: »So eine Albernheit.«

18. August
Die bergende Hand

Ein Mann wandert durch Landschaften, die er nie zuvor gesehen hat. Irgendwann legt er sich nieder und fühlt sich ungemein geborgen. Nach einiger Zeit schaut er in die Höhe und sieht in ein großes Auge, das ihn unverwandt und gütig anschaut. Dann hört er die Stimme, die er fortan nicht mehr vergessen kann. Sie sagt zu ihm: »Aus meiner Hand kannst du nicht fallen.«

Aus einem Traum

19. August
Ent-deckte Liebe

Die indische Mythologie weiß, daß nicht einmal die Götter den Verlockungen der Liebe gewachsen sind, wenn der berühmte Pfeil die Herzen trifft. Das sollte uns in unserem Urteil über das manchmal merkwürdige Gebaren verliebter Menschen milder stimmen.

Groß war die Sorge Brahmas, des Schöpfergottes, ob die Welt sich entfalten könnte, wenn Shiva, der göttliche Asket, auf eine Frau verzichtete. Im Gespräch über dieses Problem zeigte Shiva sich einsichtig und ließ sich die Göttin Shakti zeigen, die sich schon lange nach ihm gesehnt hatte. Als die beiden einander begegneten, war die Stunde Kamas und Ratis gekommen (die Götter der Liebe und der Lust). Kamas Pfeil traf Shiva mitten ins Herz. Er wurde so stark erregt, daß er die geistige Schau seines Wesens vergaß und kurz nach dieser Begegnung voll Entzücken dem Elternhaus des Mädchens entgegeneilte – begleitet von den glücklichen Göttern, den duftenden Winden, den singenden Schwänen und allen, die die Gunst der Liebe kannten.

20. August
Was die Winde mit sich tragen

Ein alter Mann hörte in seinem Traum die Winde singen:
»Wir tragen mit uns nicht nur das alte Leid, wir tragen mit uns auch das alte Glück.«
Und als er erwachte,
stieg in ihm auf
eine längst vergessene Melodie.

U.B.

21. August
Mehr als ein Berufswunsch

In einem Brief an »Mr. Gott« schreibt die kleine Anna: »Heut muß ich dir schreiben, weil, wir haben in der Schule aufgekriegt, einen Brief schreiben an den besten Freund, den man hat, und ihm sagen, was ich mal werden möcht, wenn ich groß bin . . . Deshalb schreib ich an Dich, denn Flynn ist ja hier, dem kann ich nicht schreiben, oder er würd darüber lachen. Du lachst aber nie, wenn Du mir beim Schreiben über die Schulter guckst . . .
Was ich mal werden möcht, ist Engel. Das hab ich noch niemand gesagt, auch Flynn nicht. Deshalb weiß ich auch noch nicht, woher man die Flügel herkriegt. Stimmt es, daß man erst tot sein muß? Das hat der Robbie aus der Mortonstreet gesagt, der Torwart werden will. Der glaubt an überhaupt nichts außer Fußball. Und er sagt, ein Engel ist bloß dazu da, daß kein Ball ins Netz geht. Ich möcht aber mehr tun, wenn ich mal Engel bin. Und auch nicht erst tot sein müssen.
Ich schreib Dir, weil ich glaub, daß Du nur richtig weißt, wie man Engel wird. In der Bibel steht, daß Du die Engel selber machst. Da dachte ich, weil Du doch auch mich gemacht hast vor paar Jahren, kannst du auch mich zum Engel machen. Später mal. Aber nicht zu spät . . .«

Fynn, Anna schreibt an Mr. Gott

22. August
Was selbst die Götter nicht verstehen

Vor undenkbaren Zeiten versammelten sich die Götter auf dem Olymp und berieten darüber, was sie bei der Schaffung der Menschen falsch gemacht haben könnten. Die Frage war begründet, denn die Menschen verhielten sich so, wie weder sie selbst noch die Götter es wollten.
Am Ende der Beratung kamen sie zu dem Ergebnis, daß die Menschen hervorragend für ihr irdisches Leben ausgestattet waren, sich jedoch kaum d e r Möglichkeit bedienten, die das Leben auf der Erde zu einem kleinen Paradies hätte machen können: zu l i e b e n. Warum aber die Menschen von dieser Möglichkeit so wenig Gebrauch machten – auf diese Frage wußten selbst die Götter keine Antwort.

U.B.

23. August
Der Traum als Herausforderung

Einem Sultan, der über einen Gottestraum beglückt war, sagte ein alter weiser Mann:
»Halte wachend fest, was du im Schlaf erkannt hast, damit dein Traum nicht zum Leben ohne Rettung werde. Im Traum hast du Gott erkannt, und diesen Glauben kannst du nicht mehr verlieren. Von dir jedoch hängt ab, ob das, was du im Schlaf gesehen hast, für dich zur Qual oder zur Freude werden wird.«

Nach einer morgenländischen Erzählung

24. August
Der sanfte Weg zum Ziel

Eines Tages erklärte der Nordwind der Sonne, er sei der stärkere von ihnen beiden. Die Sonne lächelte nur. Ein Wanderer kam des Weges. Er trug einen Umhang. Da sagte der Nordwind: »Der Stärkere von uns wird sein, der den Wanderer von seinem Umhang trennt.« Dann begann er zu blasen, heftig und kalt wie im Winter. Doch er erreichte nur, daß der Mann seinen Umhang noch fester um sich wickelte.
Die Sonne lachte. Ihr Lachen aber wärmte den Wanderer so stark auf, daß er den Umhang löste, ihn von den Schultern nahm und schließlich hinter sich her zog. Da wurde dem Nordwind klar, daß man durch langsames Überzeugen weit mehr erreichen kann als durch rohe Gewalt.

25. August
Es kommt nicht immer auf die Wünsche an

Die Märchen wissen es: Es sind keineswegs immer die eigenen Vorstellungen und Wünsche, die einen Menschen zum Glück führen. Zum Glück führen ihn manchmal auch die Not-Wendigkeiten, die sich ihm in den Weg stellen – wenn er sie als zum Leben gehörig annimmt und sich für sie zuständig fühlt.

26. August
Den wahren Weg finden

Ein alter Einsiedler hatte den Wunsch, den wahren Weg zu finden. Um den Wunsch Wirklichkeit werden zu lassen, erklomm er einen Berg aus lauter Schwertern und stürzte sich danach in ein Feuer. Er bestand nicht nur beide Gefahren ohne Schaden, er fand auch den wahren Weg. Er wurde erleuchtet.
Die Legende weiß auch von dem Geheimnis des Einsiedlers: Er wagte es, die Berge und Flammen aus nächster Nähe kennenzulernen: die Berge der Ich-Bezogenheit, die von Schwertern nur so strotzen, ebenso wie die Flammen der Leidenschaften, gegen die er gekämpft und derentwegen er gelitten hatte.

Nach einer indischen Legende

27. August
Als Menschen noch die Sterne suchten

Ein junger fragte einen alten Baum, der alle anderen Bäume und das ganze Dorf überragte:
»Gab es einmal eine Zeit, in der die
Menschen glücklich waren?«
Der alte Baum dachte lange nach,
dann antwortete er:
»Ich weiß es nicht genau.
Doch wenn es eine solche Zeit gab,
dann war es die,
als die Augen der Menschen abends
noch die Sterne suchten . . .«

U.B.

28. August
Mit dem Herzen sehen

Seit Wochen suchte das Mädchen nach einem Frieden, von dem sie selbst nicht wußte, wie er sein könnte. So wanderte sie in die Berge und staunte jedesmal neu über die herrlichen Bergmassive und die Schönheit der grün schimmernden Seen im Tal. Doch den Frieden, nach dem sie sich sehnte, fand sie nicht. Da hatte sie eines Nachts einen Traum:

Am tiefblauen Himmel stand ein Stern von unbeschreiblicher Leuchtkraft. Der Stern faßte das Mädchen in sein Licht und sprach:

»Stell dir vor, du wärest stumm und könntest nicht mehr mit den Lippen, du müßtest mit dem Herzen sprechen . . .
Stell dir vor, du wärest taub und könntest nicht mehr mit den Ohren, du müßtest mit dem Herzen hören . . .
Stell dir vor, du wärest blind und könntest nicht mehr mit den Augen, du müßtest mit dem Herzen sehen . . .«

Am nächsten Morgen ließ das Mädchen die Worte des Sterns in sich aufgehen und blieb an diesem Tag – und an dem anderen auch – in ihrem Dorf.

Margrit Böschemeyer

29. August
Von der hoffnungslosesten Liebe

Eine Bergnymphe namens Echo liebte den schönen Narziß. Der Jüngling aber verhielt sich ihr gegenüber so spröde, daß sie sich in ihrem Schmerz verzehrte und ihr nichts als ihre hallende Stimme blieb.
Hart war die Strafe, die Narziß für seine Gefühllosigkeit traf. Als er einmal sein Gesicht im Spiegel eines Gewässers sah, verliebte er sich so leidenschaftlich in sein eigenes Bild, daß er starb – an dieser hoffnungslosen Liebe.

Aus dem alten Griechenland

30. August
Vorteile und Nachteile

Eines Tages lud die Feldmaus die Stadtmaus zu sich ein. Sie bewirtete ihre Freundin mit allem, was sie auf dem Feld finden konnte. Der Stadtmaus jedoch schmeckten die Speisen zu erdig. Außerdem war ihr das Leben auf dem Lande zu gewöhnlich. Um nun der Feldmaus ihr eigenes Paradies zu zeigen, lud sie jene in ihre Stadtwohnung ein. Während des vorzüglichen Mahles in der kleinen Speisekammer mußten beide sich leider mehrfach verstecken. Entweder öffnete ein Mensch die Tür, oder eine Katze schlich vorbei. Der Feldmaus, die es gewohnt war, sich beim Fressen lang auszustrecken und in Ruhe die Nahrung zu genießen, schmerzte deshalb schon bald der Magen. Sie begann, sich nach ihren freien Feldern zu sehnen. Schließlich verließ sie die Stadtmaus. Als sie sich auf dem Heimweg befand, wurde sie rasch wieder fröhlich. Und immer wieder dachte sie: »Was nützen mir die herrlichsten Früchte, wenn ich sie nicht in Ruhe verzehren kann?«

31. August
Die Dummheit in der Eitelkeit

Eines Tages sah der Fuchs eine Krähe auf einem Ast sitzen und genüßlich in einen Käse picken. Auch der Fuchs wußte Käse zu schätzen und dachte deshalb darüber nach, wie er sich dieser köstlichen Speise bemächtigen könnte. Schließlich sagte er: »Du bist ein wunderschöner Vogel. Wie herrlich glänzt dein Gefieder. Wenn du noch eine schöne Stimme hättest – du wärest der schönste Vogel unter dem Himmel.«
Die Krähe richtete sich stolz auf, riß den Schnabel weit auf und krächzte, daß dem Fuchs die Ohren schmerzten. Der Käse aber gehörte ihm! Er lachte und trollte sich. Noch einmal schaute er zurück und rief der verwirrten Krähe zu: »Schön bist du, singen kannst du auch, Verstand aber hast du nicht. Wie hättest du dich sonst so leicht überlisten lassen?«

September

1. September
Liebe

Die Märchen wissen es: Der gewisseste Weg zum erfüllten Leben ist der der Liebe. Die märchenhafte Liebe ist – entgegen allen Vermutungen – eine weniger romantische. Sie ist vor allem eine liebevolle Haltung dem Leben gegenüber: gegenüber dem schwachen und dem starken, dem kleinen und dem großen, dem häßlichen und dem schönen. Die märchenhafte Liebe ist eine annehmende, bejahende, das vor-handene Leben fördernde. Und die Märchen wissen auch, daß diese Art zu lieben im Grunde jedem zugänglich ist.

2. September
Der Traum von der Liebe

In seiner bedeutsamsten Rede kurz vor seiner Ermordung sprach Martin Luther King von seinem großen Traum: »Ich träume, daß eines Tages der Staat Alabama so verwandelt ist, daß kleine schwarze Jungen und kleine schwarze Mädchen sich mit weißen Jungen und weißen Mädchen bei den Händen fassen können wie Brüder und Schwestern.« Er sprach vom Frieden zwischen früheren Sklaven und Sklavenhaltern, zwischen Schwarzen und Weißen, Juden und Heiden, Protestanten und Katholiken – von liebenden Menschen, die miteinander das Lied der Freiheit anstimmen werden.

Den Traum von der Liebe unter Menschen haben viele, doch nur wenige wagen es, ihn weiterzuträumen und dafür zu kämpfen.

Nach: Martin Luther King, Mein Traum

3. September
Märchen glauben an Träume

Ein Beispiel:
In einem alten Schloß lebte einst eine Hexe, die sich viele Bosheiten erlaubte. Dazu gehörte, daß sie jeden, der sich dem Schloß auf hundert Schritte näherte, verzauberte, so daß er sich nicht mehr bewegen konnte. Vor allem aber hatte sie größtes Vergnügen daran, Jungfrauen, die in diesen Kreis gerieten, in Vögel zu verwandeln und sie in einen Korb zu sperren (siebentausend solcher Körbe standen bereits in ihrem Verlies).
Einst verwandelte die Hexe das schöne Mädchen Jorinde in eine Nachtigall. Ihren Bräutigam Joringel ließ sie wieder frei, nachdem sie auch ihn für kurze Zeit verzaubert hatte. Seine Verzweiflung über den Verlust der Braut war tief. Da fand er im Traum eine blutrote Blume, in deren Mitte eine schöne große Perle lag. Er brach sie ab und ging damit zum Schloß. Und alles, was er mit ihr berührte, wurde vom Zauber befreit.
Selbstverständlich machte sich Joringel am nächsten Morgen auf die Suche nach dieser Blume. Er fand sie, ging damit zum Hexenhaus und befreite nicht nur seine Braut, sondern auch alle anderen verwunschenen Wesen.

4. September
Die Güte eines Menschen

Ödipus, der König von Theben, hatte unwissentlich seinen Vater erschlagen und seine Mutter geehelicht. Da er zunächst die gegen ihn erhobenen Anschuldigungen nicht glauben konnte, bezichtigte er seinen Onkel und Schwager Kreon hochverräterischer Zusammenarbeit mit dem blinden Seher Teiresias. In heftigem Zorn schieden die Männer voneinander.
Als Ödipus schließlich entsetzt erkannte, daß er in der Tat schwerste Schuld auf sich geladen hatte und an Leib und Seele gebrochen war, kehrte Kreon zu ihm zurück. Sein Mitgefühl mit dem König, der unter seinem grausamen Verhängnis unsagbar litt, war tiefer als sein Zorn über dessen ungerechtfertigte Anklagen.

Aus dem alten Griechenland

5. September
Die Güte der Götter

Antigone, Ödipus' treue Tochter, begleitete freiwillig den erblindeten Vater auf seinem trostlosen Weg in die Verbannung. Um von den Göttern sein weiteres Schicksal zu erfahren, wandte sich der zum Bettler gewordene König zunächst nach Delphi zum Orakel des Apollon.
Der göttliche Urteilsspruch war milde, denn die Götter wußten, daß der Unglückliche ohne seine Schuld gegen die heiligsten Gesetze der Menschheit verstoßen hatte. In der Nähe Athens durfte er seine Ruhe finden. Theseus, der König von Athen, hatte ihm auf Anweisung der Götter gestattet, im heiligen Hain, den sonst kein Erdenkind betreten durfte, bleiben zu dürfen. So wurde dem tragisch gescheiterten König der letzte Teil seines Erdenweges erleichtert.

Aus dem alten Griechenland

6. September
Verschiedene Urteile

Als der weise Agathon starb, hielt er drei Tage seine Augen geöffnet und bewegte sie nicht. Mit leiser Stimme fragten seine Brüder ihn, wo er sei. Er antwortete, er stehe vor Gottes Gericht. Ob er sich fürchte, fragten sie weiter. Da antwortete der alte Mann, der viel vom Leben erfahren hatte: »Ich habe mich bemüht, die Gebote Gottes zu halten. Doch bin ich ein Mensch und weiß also nicht, ob ihm mein Tun gefallen hat.« Ob er denn nicht darauf vertraue, daß seine Handlungen nach Gottes Willen gewesen seien, wollten die an seinem Lager Stehenden wissen. Da beendete der Sterbende das Gespräch und sagte: »Im Angesicht Gottes vertraue ich nicht darauf, denn das Urteil Gottes ist anders als das der Menschen.«

Weisheit aus der Wüste

7. September
Ja zum Schicksal

Der blinde Seher Teiresias kündigte dem König von Theben den notwendigen Tod seines Sohnes Menoikeus an, falls die Stadt vor den Feinden gerettet werden sollte. Daraufhin wollte Kreon, voll Zorn und Verzweiflung, den Greis aus dem Palast vertreiben. Da sprach der Greis den inhaltsschweren Satz: »So verdammt der Mensch die Wahrheit, wenn sie Leid bringt.«
Als Kreon diesen Satz hörte, fiel er dem Seher zu Füßen und flehte ihn an, er möge seinen Spruch zurücknehmen. Das jedoch konnte er nicht, weil der göttliche Wille unabwendbar war.
In großer Verzweiflung befahl Kreon deshalb Menoikeus, die Stadt zu verlassen und zu fliehen. Der Sohn ließ sich scheinbar auf den väterlichen Befehl ein. Doch die Treue zu seiner Vaterstadt Theben war stärker als die Angst um sein eigenes Leben. Und so eilte der Königssohn zur Stadtmauer, bestieg die höchste Zinne der Burg, schaute noch einmal ins weite Land und verabschiedete sich von seiner geliebten Vaterstadt. Dann stieß er sich den Dolch in die Brust, stürzte sich von der Zinne in die Tiefe – und rettete Theben vor dem sicheren Verderben.

Aus dem alten Griechenland

8. September
Die Wirklichkeit des Himmels

Auf der Flucht vor seinem Bruder Esau, den er in übelster Weise betrogen hatte, hatte Jakob diesen Traum:
Er sah eine Treppe, die auf der Erde stand und bis zum Himmel reichte. Auf ihr stiegen Engel Gottes auf und nieder. Gott stand oben und sprach: »Das Land, auf dem du liegst, will ich dir und deinen Nachkommen geben. Sie werden zahlreich sein wie der Staub auf der Erde. Ich bin mit dir, ich behüte dich, wohin du auch gehst.«

9. September
Selbstverschuldete Qualen

Tantalus, ein Sohn des Göttervaters Zeus, lebte in Lydien in Macht und Reichtum. Die Götter würdigten ihn ihrer Freundschaft, so daß er sogar ihr Tischgenosse an der himmlischen Tafel und Zeuge ihrer Gespräche sein durfte. Leider wußte er die Gunst der Götter nicht zu schätzen. Er, der Erdgeborene, wurde eitel und ruhmsüchtig, entwendete Kostbarkeiten von der himmlischen Tafel und gab sie den Menschen, ja er verriet sogar die göttlichen Geheimnisse an sie. Schließlich trieb er sein frevlerisches Verhalten auf die Spitze. Er stellte die Allwissenheit der Götter auf die Probe und setzte ihnen seinen geschlachteten Sohn als Speise vor. Selbstverständlich blieb den Göttern diese Untat nicht verborgen. Sie verstießen ihn in den Tartaros, in die finsterste und fernste Unterwelt. Dort hatte er Wasser die Fülle, doch konnte er es nicht trinken. Er fand die herrlichsten Früchte vor, doch konnte er davon nicht essen. Darüber hinaus sah er sein armseliges Leben ständig von einem mächtigen Felsen bedroht, der über ihm hing und ihn im nächsten Augenblick zu zermalmen schien.
Wann endeten seine Qualen? Nie.

Aus dem alten Griechenland

10. September
Vertrauen

Jedermann kennt das Sterntaler-Märchen, jene Geschichte vom kleinen Mädchen, das seine Eltern verloren hatte, bettelarm war und trotzdem alles verschenkte, was es besaß. Und weshalb tat es das? Weil es tiefes Vertrauen ins Leben hatte.

Da stand nun das Kind unter dem Sternenhimmel, einsam und nur mit einem armseligen Hemdchen bekleidet. Und der Himmel ließ alle Sterne in seinen Schoß fallen und zu Talern werden.

Kann es sein, daß Vertrauen erst dann reich »belohnt« wird, wenn ein Mensch frei ist von allen Sicherungen?

11. September
Die Angst vor der großen Wunscherfüllung

Es ist leicht, sich etwas Großes zu wünschen – sofern der Wunsch als unerfüllbar erscheint. Doch wenn die Erfüllung zum Greifen nah ist, wünscht mancher, er hätte sich das Ersehnte nie gewünscht.
Diese Erfahrung machte auch Bastian, und deshalb tat er so, als wäre er gar nicht mehr vorhanden, als gäbe es ihn nicht mehr, und am liebsten wäre er davongelaufen. Und warum?
Bastian befürchtete – und das mit Recht –, daß jede große Wunscherfüllung mit Schmerz und Angst, mit Auseinandersetzung und ungewisser Veränderung zu tun hat.

12. September
Worauf es wirklich ankommt

Ein Handwerksmann hatte einen dummen und einen schlauen Sohn. Eines Tages erfuhr der Vater, daß der, der eine verzauberte Prinzessin erlösen würde, sie selbst und all ihren Reichtum als Lohn erhielte. Weil er kein Geld mehr hatte, schickte er seinen schlauen Sohn auf die Reise. Er scheiterte kläglich. Denn in all seiner Schläue hatte er nicht bedacht, daß das Leben den nicht ungestraft läßt, der auf dem Weg zum Glück Hungernde und Dürstende übersieht und Pflanzen und Tiere mißachtet. Er mußte sterben.

Nur weil die Not groß war, ließ der Vater auch den dummen Sohn reisen. Daß dieser erreichen könnte, was dem schlauen mißlungen war, daran glaubte der Vater allerdings nicht. Er hatte sich geirrt. Auf dem Weg zum Glück hatte der Dumme ein offenes Auge und ein offenes Herz für das Leben um ihn herum. Die Tiere dankten es ihm, indem sie ihm bei der Lösung seiner drei schweren Aufgaben behilflich waren. Er fand das Glück, weil er nicht nur sein eigenes gesucht hatte.

13. September
Die Tiefe suchen

Wem das alltägliche Leben nicht mehr gelingt – wie jenem Mädchen im Märchen von »Frau Holle«, dem die Spule in den Brunnen gefallen war –, muß sein neues Leben in der Tiefe der eigenen Seele suchen.
Das Mädchen sprang in den Brunnen hinein und begegnete Frau Holle. Und damit begann für sie eine andere, beglückende Lebenszeit. Sie wurde die von den Kindern geliebte Goldmarie.

14. September
Geist, nicht Technik

Wie die Zigeuner, so war auch Jesus in jungen Jahren Nagelschmied. Vater Joseph hatte nämlich gemeint, ein Mann, der Prophet studiere, müsse mehrere Handwerke beherrschen, und deshalb reiche der Zimmermannsberuf nicht aus. Also begann Jesus eine zweite Lehre als Schmied, und zwar bei einem Zigeuner.
Eines Tages sollten die Pferde des König Herodes beschlagen werden, doch niemand konnte die feurigen Tiere bändigen. Da hackte Jesus ihnen die Beine ab, schlug Eisen auf die Hufe, fügte die Beinteile wieder zusammen und blies ihnen Gottes Atem ein. Das war eine Freude! Als Dank für diese ungewöhnliche Arbeit erhielt der Meister vom König einen großen Sack Gold. Als dem Schmied wieder einmal feurige Pferde gebracht wurden und Jesus unterwegs war, versuchte der Meister, es seinem Lehrling nachzutun, doch ohne Erfolg. Die Beinteile blieben getrennt. Als Jesus zurückgekehrt war, sah er die Pferde nur an, und schon standen sie wieder auf den Hufen. Dann sagte er zu seinem Meister: »Nicht das Anblasen gibt dem Pferd die Seele zurück, sondern der Glaube.« Und er verließ den Hof.

Nach einem Zigeunermärchen

15. September
Eigenes Nachdenken

Eine alte Krähe behielt von ihren Jungen, die aus den Eiern schlüpften, nur eines übrig. Deshalb war sie besonders um ihr Kind besorgt und brachte ihm, so gut sie konnte, alles Wissenswerte bei.
Die Zeit kam, als die alte Krähe mit der jungen aufs Feld fliegen konnte. Dort lehrte sie das Kind, welche Gefahren von einem Menschen ausgingen, der ein Gewehr unter dem Arm trage oder sich nach einem Stein bücke. Und wenn ein Mensch, so erklärte sie ihm weiter, weder ein Gewehr unter dem Arm trage noch sich nach einem Stein bücke, dann könne es sich genüßlich an den Körnern erfreuen.
Nachdenklich fragte die junge Krähe, was es denn bedeute, wenn jemand einen Stein in der Tasche habe. Da lachte die Mutter befreit auf und rief: »Fort mit dir, du kennst dich schon besser in der Welt aus als ich.«

Nach einem irischen Märchen

16. September
Jeder hat seine persönliche Aufgabe

Nicht jeder ist für jede Aufgabe geeignet. Jeder hat seine p e r s ö n l i c h e Aufgabe und also auch die i h m entsprechenden Fähigkeiten. Das bedeutet für die Gemeinschaft, daß zwar alle Menschen gleich sind in ihrem Wert, ihre Beiträge zum Gemeinschaftsleben jedoch unterschiedlich sein und bleiben werden: Eine Maus, ein Vogel und eine Bratwurst hatten lange Zeit höchst friedlich und genußreich miteinander in einem Haushalt gelebt. Die Aufgabe des Vogels war es, täglich in den Wald zu fliegen und Holz zu holen. Die Maus war zuständig für Feuer und Wasser und hatte den Tisch zu decken. Der Bratwurst oblag das Kochen. Eines Tages traf der Vogel unterwegs einen Artgenossen, dem er von seinem vortrefflichen Leben erzählte. Der aber ließ sich von der Rede nicht begeistern und nannte ihn einen armen Tropf, der sich von anderen ausbeuten lasse. Die Kritik wirkte. Der Vogel machte zu Hause Revolution. Am nächsten Morgen ging die Bratwurst in den Wald – und wurde von einem Hund gefressen. Bei der Mittagsvorbereitung kam die Maus auf seltsame Weise ums Leben. Und als der Vogel die Aufgaben der Maus übernahm, fiel er vor lauter Traurigkeit mit seinem Eimer in den Brunnen und beendete in dessen Tiefe sein ehemals fröhliches Dasein.

17. September
Sich Zeit zum Leben nehmen

Einem wunderschönen Schmetterling ging alles zu langsam im Leben. Also machte er sich auf zu seinem Schöpfer und bat ihn um eine neue Konstruktion. Der dachte nach und veränderte ihn so, daß fortan seine Flügel bestens zum Schnellflug geeignet waren. – Als der Schmetterling seine neuen Flugkünste im Freien vorführte, staunten seine Verwandten und klatschten Beifall. Nur ein Alter teilte die Begeisterung der anderen nicht. Er fragte den schnellen Artgenossen, w o z u er so schnell sein und was er mit der gesparten Zeit anfangen wolle. – Diese Fragen verblüfften den schnellen Schmetterling. Er wußte darauf keine Antwort. Kopfschüttelnd fuhr der Alte fort: »Wenn du schneller fliegst, wirst du auch schneller sterben . . . Vielleicht ist dir dein Leben zu langweilig, doch wohl nur deshalb, weil du an den schönsten Dingen vorbeihastest. Jedenfalls, wenn du etwas langsamer lebtest, erlebtest du am Ende v i e l mehr.« – Der schnelle Schmetterling nahm sich diese Worte zu Herzen und entdeckte, daß es zwar schön war, schnell zu fliegen, doch schöner noch, sich Zeit zu nehmen, um alle Wunder dieser Erde zu genießen.

Nach: Blätter vom fliegenden Märchenbuch

18. September
Anweisung zur Tat

Als der weise Esaias den weisen Poimen um ein gutes Wort bat, sprach dieser:
»Wenn Kleider in einem Kasten liegen und niemand sich um sie kümmert, dann faulen sie dahin. Nicht anders ist es mit den Gedanken in unserem Herzen. Wenn wir sie nur pflegen und bewahren und sie nicht in die Tat umsetzen, dann faulen auch sie. Dann aber geht der ganze Mensch zugrunde.«

Weisheit aus der Wüste

19. September
Die Attraktivität der Affen

Zwei Affen im Zoo lausten sich liebevoll, geduldig und selbstverständlich. Sie waren so sehr miteinander beschäftigt, daß sie die vielen Menschen, die ihnen teils amüsiert, teils seltsam nachdenklich zuschauten, lange nicht bemerkten. Schließlich sahen sie sie, und beide schienen sich das gleiche zu fragen.

»Was meinst du«, begann der eine Affe das Gespräch, »macht uns für die da oben so interessant?« Er machte eine leicht unwillige Handbewegung in Richtung der Zuschauer.

»Vielleicht haben sie noch nie Affen gesehen«, entgegnete der andere vorsichtig.

Der erste warf einen kurzen Blick in die fremden Gesichter und sagte nach einigem Nachdenken: »Vielleicht tun wir etwas, was sie nicht oder nicht mehr tun. Kann das sein?«

Der andere schwieg eine Weile und sagte schließlich: »Das kann schon sein.«

Dann fuhren sie fort, sich liebevoll, geduldig und selbstverständlich zu lausen.

U.B.

20. September
Verweigertes Glück

Kaum eine Vision der Weltliteratur berührt mich so wie die Kahlil Gibrans:
Alle hundert Jahre, sagt er, treffen sich der Jesus von Nazareth und der »Jesus der Christen« in einem Garten zwischen den Hügeln des Libanon und sprechen lange miteinander. Und jedesmal, wenn sie sich verabschieden, sagt der Nazarener zum Jesus der Christen: »Mein Freund, ich fürchte, wir werden niemals, niemals übereinstimmen.«

Nach: Kahlil Gibran, Sand und Schaum

21. September
Der unzeitgemäße Zaun

Zwei schöne Gärten lagen dicht nebeneinander. In beiden blühten die Blumen prächtig, auch alle anderen Pflanzen genossen ihr Dasein. Die Gärten wären vollkommen glücklich gewesen, wäre da nicht das gewesen, was die Menschen einen »Zaun« nannten. Beide versuchten, so oft wie möglich vom einen zum anderen zu wachsen, um auf diese Weise die Trennung zu überwinden. Es gelang nicht. Der Zaun war zu dicht. Und wenn trotzdem einmal Blumen oder Pflanzen den befreundeten Garten erreicht hatten, wurden sie von den Besitzern ausgerissen.
Warum es diesen Zaun gab? Kaum jemand in den Gärten wußte auf diese schwierige Frage eine Antwort. Nur die alte Eiche schien das Geheimnis zu kennen. In ihren Träumen hatte sie immer wieder die schrecklichen Bilder gesehen: die Bilder der Menschen, die an einem Tag vor vielen, vielen Jahren den Haß hin und her geschleudert und noch am selben Abend den Zaun errichtet hatten.
Vor gar nicht langer Zeit wurde der Zaun plötzlich abgerissen. Und wieder war es die alte Eiche, die wußte, warum das geschehen war: Die Kinder der beiden Häuser hatten Freundschaft geschlossen und die Großen davon überzeugt, daß der Zaun ihre Freundschaft behinderte.

U.B.

22. September
Persönliches Leben

In allem, was die Menschen der mythischen Zeit erlebten, sahen sie einen p e r s ö n l i c h e n Willen am Werk. Hermes zum Beispiel – er galt als Bote der Götter – eilte auf geflügelten Schuhen durch Länder und Meere und vollstreckte die Anordnungen der Götter.
Eine seiner wichtigen Aufgaben bestand darin, den Schlaf und die Träume zu bringen (letztere waren ihm vom allwissenden Göttervater Zeus mit auf den Weg gegeben worden). Eine andere wichtige Aufgabe erfüllte er immer dann, wenn er die Seelen der Toten in die Unterwelt geleitete.

Aus dem alten Griechenland

23. September
Auf die Wurzel kommt es an

Die Blüte einer Rose war einen ganzen Sommer lang von den vorbeigehenden Menschen bestaunt und bewundert worden. Als der Herbst kam und ihre Blätter nicht mehr so frisch waren wie einst, wurde sie mürrisch und begann mit ihrer eigenen Wurzel einen Streit. Sie sagte: »Dich sieht man nicht, mich sieht man. Was würdest du nur ohne mich tun?«

Die Wurzel wußte dieser Auffassung zunächst nichts entgegenzusetzen. Es war ihr auch klar, daß der herrliche Duft, den die Menschen so liebten, nicht von ihr, sondern von der Blüte verströmt wurde.

Dann ging ihr etwas auf: »Was aber wäre«, fragte die Wurzel die Blüte, »wenn du mich nicht hättest? Wer würde dich halten, wer dich nähren?«

Die Blüte erschrak. Diese Frage hatte sie sich in all ihrer Selbstverliebtheit nie gestellt. Sie schwieg, senkte ihren Kopf und vertraute sich während der langen Wintermonate ganz ihrer Wurzel an.

U.B.

24. September
Geiz

Die Märchen wissen es: Der geizige Mensch wird vom Leben nicht nur nicht geliebt, er findet auch niemals das Glück. Wer mit seinem Geld, seiner Zeit und, schlimmer noch, mit sich selber geizt, hat nur sich im Blick. Er liebt nicht. Er strömt keine Wärme aus. Er strömt Kälte aus. In der Nähe eines solchen Menschen aber zieht sich das Leben zusammen. Und weil das so ist, erlebt er auch niemals die Gunst, daß gute Mächte ihn auf Händen tragen.

25. September
Todesträume

Nein, Todesträume kündigen n i c h t den baldigen Tod des Träumers oder jenes Menschen an, von dem er geträumt hat. Es geht in diesen dunklen Bildern um inneres Sterben – und also um die Herausforderung zur Neubelebung der müde gewordenen Seele.

»Aus der Erfahrung von Tausenden und Abertausenden kleiner und großer Träume«, sagt E. Aeppli, ein Schüler C. G. Jungs, »gewinnt man die Gewißheit, daß Träume vom Tode nie leiblichen Tod verkünden, daß sie also nicht dunkle Voraussage sind. Träume, in denen vom Tode gesprochen wird, in welchen in oft seltsamen Bildern ein Sterben sich vollzieht, in denen wir selbst sterben müssen oder gar am eigenen Begräbnis teilnehmen, besagen nichts anderes, als daß seelisch etwas tot ist, daß die Beziehung zu den Menschen, die wir als gestorben träumen, zur Zeit des L e b e n s entbehrt.«

26. September
Das »Verborgene kleine Licht«

Immer dann, wenn in der inneren Welt die Lichter ausgehen und alle großen Gestalten, die Freiheit, der Mut, die Freude und andere mehr sich in ihre Häuser zurückgezogen haben, verläßt die Hoffnung ihr Haus und sucht und sucht nach dem »Verborgenen kleinen Licht«, das nur selten erlischt. Und wenn sie es gefunden hat, dann geht sie von Haus zu Haus und wartet darauf, daß die Bewohner das kleine Licht sehen und ihre Kerzen daran entzünden. Und immer wieder staunt die Hoffnung darüber, daß manche dunklen Häuser verschlossen bleiben.

U.B.

27. September
Woher die Gesänge kommen

Eine eskimoische Geschichte erzählt von großen Herbstfesten zu Ehren der Seele des Wales. Eröffnet werden konnten die Feste nur dann, wenn neue Lieder gefunden worden waren. Alte Lieder wurden nicht geduldet.
Um die neuen Gesänge zu suchen, versammelten sich alle Männer im großen Festsaal, löschten die Lampen und warteten in der Stille darauf, daß die Gesänge ihren Weg aus den Tiefen der Seelen nach oben fänden, jenen Blasen gleich, die aus der Tiefe des Meeres aufsteigen.
Quarrtsiluni nannten die Eskimos diese Stille, aus der heraus die heiligen Gesänge entstanden. Und Quarrtsiluni bedeutet, daß man auf etwas wartet, das aufbrechen soll.

28. September
Eifersucht

Die Märchen wissen es: Eifersucht ist niemals Liebe, sondern immer ein Streben nach Macht. Sie ist der schlimme Versuch, einen anderen Menschen zu fesseln, zu bannen und ihm seine Freiheit und Eigenständigkeit zu nehmen.
Daher ist sie eine Spielverderberin lebendigen Lebens. Und weil das so ist, führt der Weg der Eifersüchtigen niemals zum Glück.

29. September
Liebe ist ein Band

Chosroes Parvis, der König von Persien, hatte einen Feldherrn, der sich durch seine hervorragenden Fähigkeiten sowohl beim König als auch beim Heer hohes Ansehen erworben hatte. Leider jedoch war er ein Mensch mit hitzigem Gemüt und neigte dazu, voreilig Entschlüsse zu fassen. – Eines Tages fühlte er sich vom König gekränkt und beschloß deshalb, einen Aufstand gegen ihn vorzubereiten. Chosroes Parvis erfuhr davon und beriet sich mit seinen Wesiren. Diese zweifelten nicht daran, daß der Rebell unverzüglich in Ketten zu legen sei. Der König hörte sich den Rat an, er hörte jedoch auch auf sein Herz. Er ließ den Feldherrn kommen – und überschüttete ihn mit Freundlichkeiten. Er bat ihn wegen der Kränkung um Verzeihung, versicherte ihn seiner bleibenden Gunst und rühmte seine Verdienste. Die Folge war, daß der Feldherr nicht nur sogleich von seinem Vorhaben abließ, sondern dem König fortan mit unerschütterlicher Treue zur Seite stand. Zu seinen Wesiren aber sagte der Herrscher: »Für Hände und Füße braucht man viele Ketten, und die sind grausam. Für das Herz jedoch braucht man nur eine. Und wenn ein Mensch edler Art ist, umfängt sie ihn für alle Zeit.«

Nach einer orientalischen Geschichte

30. September
Vor-Sorge

Es sagte ein alter kräftiger Baum zu einem sehr jungen, der in seiner Nähe stand:
»B e v o r die großen Stürme kommen,
solltest du deine Wurzeln
so tief wie möglich treiben.«

U.B.

Oktober

1. Oktober
Problematische Erziehung

Es war einmal ein Gärtner, der einen Baumsprößling pflanzte. Liebevoll pflegte er ihn und beobachtete sein Heranwachsen. Eines Tages sah er mit Schrecken, daß der Baum sich zur Sonne hin entwickelte und daher krumm wuchs. Er schnitt die Äste ab. Der Baum weinte. Um jedoch dem Gärtner zu gefallen, reckte er sich nach allen Seiten. Nie konnte er es dem Gärtner recht machen. Wieder und wieder wurde er gestutzt und in eine bestimmte Richtung gezwungen. Als schließlich die Tränen des Baumes versiegt waren, beugte er sich den Vorstellungen des Gärtners. – Viele Jahre später, als der Baum endlich das Wohlgefallen seines Besitzers gefunden hatte, ging ein Kind mit seinem Vater am Garten vorbei. Da sah das Mädchen die Traurigkeit des Baumes und fragte den Vater: »Warum läßt man das, was man liebt, nicht frei wachsen, wie es will?« Der Vater fand sehr vernünftige Antworten auf die Frage des Kindes. Sie leuchteten ihm allerdings nur teilweise ein. Deshalb dachte die Kleine selbst noch einmal nach. Das tat auch der Baum, der den beiden zugehört hatte, und als er ganz begriffen hatte, worum es in Wirklichkeit ging, weinte er noch einmal bitterlich.

Nach: H. Körner, Die Farben der Wirklichkeit

2. Oktober
Lieder der neuen Hoffnung

Ein uraltes Märchen weiß davon:
In der Mitte einer jeden Nacht, dann also, wenn die Dunkelheit am tiefsten ist und der neue Tag beginnt, versammeln sich an der Empore des Himmels die Engel, sehen still auf die Erde nieder und blasen danach drei Lieder der Hoffnung. In keiner Nacht werden dieselben Lieder angestimmt, in jeder sind es neue.

U.B.

3. Oktober
Die verlassene Ordnung

Am Rande eines Dorfes stand eine alte Linde, deren zartes Blätterkleid weithin leuchtete. Unter ihrer Blätterschar war eines, das mehr wissen wollte von der Welt. Es dachte, das Schönste müsse eine Windreise über die Berge sein. Es träumte sich hinein ins Fliegen und wurde dabei immer leichter und sehnsuchtsvoller. Und als eines Tages ein heftiger Sturm aufkam, nahm es sich ein Herz, riß sich los und nahm jauchzend von seinen Geschwistern Abschied. Hoch segelte das Blatt bis an die Wolkenspitzen, breitete sich ganz aus und staunte über die Weite der Welt. Lange noch hörte die alte Linde ein Jubeln aus den Lüften und schaute dem wirbelnden Tanz ihres Kindes zu. Dann verschwand es aus ihrem Blickfeld. – Inzwischen hatte der Sturm nachgelassen. Windstille trat ein. Erschreckt bemerkte das Blatt, daß es von der Erde angezogen wurde und sich nicht dagegen wehren konnte. Es verlor den Halt und landete mitten in einem Dornengestrüpp.
Die Wochen gingen dahin. Es wurde matt und braun. Und immer, wenn es in die Wipfel der Bäume sah, in denen sich lachend die Geschwister wiegten, erschien ihm nichts schöner, als ein Blatt an diesem Baum zu sein.

Margrit Böschemeyer

4. Oktober
Vermessenheit

Im Lande Lydien lebte einst Arachne, eine berühmte Weberin. Sogar die Nymphen, die lieblichen Töchter des Zeus, bewunderten sie bei ihrer Arbeit. Es schien so, als sei die göttliche Pallas Athene selbst (die Schirmherrin der schönen Künste) ihre Lehrmeisterin gewesen.
Eines Tages brachte eine der Nymphen ihre Bewunderung ihr gegenüber zum Ausdruck. Arachne aber entgegnete, nicht der Gottheit verdanke sie ihre Kunst, sondern allein sich selbst. Entsetzt über die Vermessenheit dieses Erdenkindes, verließen die Nymphen das Haus.
Einige Zeit danach besuchte ein altes Weiblein Arachne und mahnte sie gütig zur Demut gegenüber den Göttern. Auch diese Freundlichkeit wehrte sie schroff ab. Daraufhin gab sich die Alte als Pallas Athene zu erkennen. Doch selbst im Angesicht der Göttin ließ die Verblendete von ihrem Hochmut nicht ab und wurde deshalb in eine häßliche Spinne verwandelt.

Aus dem alten Griechenland

5. Oktober
Unglaubwürdigkeit

Ein Frosch war alt und fleckig, und seine Beine wollten ihn nicht mehr so recht tragen. So beschloß er, auf dem Markt einen Stand zu eröffnen. Er sammelte Glasflaschen aller Farben und Größen, kletterte auf eine Kiste und bot »berühmte Arzneien« an. Jeder wollte geheilt werden. Sein Geschäft blühte.

Eines Tages kam ein Fuchs vorbei, betrachtete den Frosch und fragte: »Warum verkaufst du allen Tieren deine Arznei und bist doch selber krank und lahm?« Da wollte niemand mehr die Medizin des Frosches kaufen. Müde humpelte er in seine Sümpfe zurück.

6. Oktober
Menschen und Tiere

Es kann gut, es kann aber auch gefährlich sein, manchmal seinen Standort zu verlassen und die Menschen von einer anderen Warte aus zu sehen.
Ein junger Mann hielt sich für eine Persönlichkeit, obwohl er nur ein Exemplar war. Der Schein nach außen war ihm wichtig, nicht inneres Sein. Da begab es sich, daß er in einem Museum eine kleine Kugel fand. Er nahm sie mit und verschluckte sie. Erst bei einem späteren Zoobesuch erkannte er, daß er eine Zauberkugel geschluckt hatte. Er verstand plötzlich die Sprache der Tiere. Er staunte sehr, wie würdevoll sie vom Menschen sprachen und wie anständig und humorvoll sie ihr unfreiwilliges Gitterdasein ertrugen.
Als sie ihn wegen seines eitlen Äußeren verspotteten, verließ er sie und wollte an den Menschen das Gute erleben, das er bei den Tieren erfahren hatte. Er wurde jedoch tief enttäuscht. Er erkannte bald, wie verstellt und verlogen sie waren – und fand sich fortan unter ihnen nicht mehr zurecht.

Nach einem Märchen von Hermann Hesse

7. Oktober
Verborgene Hilfe

Eines Nachts hatte ich diesen Traum: Ich ging mit Gott, meinem Herrn, am Strand entlang. Vor meinen Augen zogen Bilder aus meinem Leben vorüber, und auf jedem Bild entdeckte ich Fußspuren im Sand. Manchmal sah ich die Abdrücke von zwei Fußspuren im Sand, dann wieder nur von einem Paar.

Das verwirrte mich, denn ich stellte fest, daß immer dann, wenn ich unter Angst, Sorgen und dem Gefühl des Versagens litt, nur die Abdrücke von einem Fußpaar zu sehen waren. Deshalb wandte ich mich an den Herrn: »Du hast mir versprochen, Herr, du würdest immer mit mir gehen, wenn ich dir nur folgen würde. Ich habe aber festgestellt, daß gerade in den Zeiten meiner schwierigsten Lebenslagen nur ein Fußpaar im Sand zu sehen war. Wenn ich dich nun am dringendsten brauchte, warum warst du dann nicht für mich da?«

Da antwortete der Herr: »Immer dann, wenn du nur ein Fußpaar im Sand gesehen hast, Kind, habe ich dich getragen.«

Verfasser unbekannt

8. Oktober
Verdrängung

Eine herrliche Weinrebe hing hoch an einem Rankgerüst. Man sah ihr an, wie süß und köstlich die Trauben schmekken müßten. Einem Fuchs, der des Weges kam, lief bei ihrem Anblick das Wasser im Munde zusammen. Die Trauben aber hingen viel zu hoch für ihn. Sooft er auch sprang, er erreichte sie nie. Schließlich war er so erschöpft, daß ihm die Beine einknickten und er nach Hause wankte. Keinen »Schaden« gelitten hatte seine Hochnäsigkeit. »Ich habe mich geirrt«, murmelte er vor sich hin, »ich dachte, die Trauben seien süß und köstlich; in Wirklichkeit aber sind sie viel zu sauer zum Verzehr.«

9. Oktober
Der besondere Tag

Alle Tage dieser Welt dürfen nur ein einziges Mal auf die Erde, denn jeder Tag ist einmalig. Sehnsüchtig wartete »der kleine Tag« auf den dreiundzwanzigsten Februar, denn an diesem Tag durfte er auf die Erde. Was alles hatte er bereits von seinen Verwandten gehört, die vor ihm die Erde besuchen durften! Sie hatten in den Zeitungen gestanden und in den Geschichtsbüchern. Wie gebannt hatte er ihren Erzählungen gelauscht.
Am Morgen seines Tages bemerkte er sogleich, daß die Sonne sich nicht zeigte und Nebel die Landschaften verhüllte. Die Menschen wirkten mißmutig. Keiner schien ihn zu bemerken, niemand schien sich über ihn zu freuen. Und dabei war er doch heute so einmalig.
Bei Anbruch der Nacht erschien »der kleine Tag« wieder bei seinen Verwandten. Sie lachten ihn aus, weil er so gar nichts Aufregendes erlebt hatte.
Längere Zeit danach überbrachte ihm seine Mutter die aufregende Nachricht, daß der dreiundzwanzigste Februar zum Feiertag ausgerufen worden war. Denn dieser Tag war der einzige im Jahr gewesen, an dem die Menschen in Frieden hatten leben können.

Nach: H Körner und R. Kübler,
Wieviele Farben hat die Sehnsucht

10. Oktober
Unerledigte Aufgaben

Alle »inneren Wanderungen« zeigen es deutlich und lassen keinen Zweifel daran:
Wer wichtige Aufgaben, die sich ihm in den Weg stellen, übersehen möchte oder unerledigt liegen läßt, erreicht vielleicht sein Ziel, doch wird das Ziel niemals so sein, wie er es sich erhofft hat.
Was sind denn wichtige Aufgaben?
Vor allem die, die zur Erweiterung der Persönlichkeit beitragen: zum Beispiel das Bemühen um Wahrhaftigkeit und Klarheit, die Befreiung von unnötigen Fesseln und Hemmungen oder die Bereitschaft, auch einmal andere zu lieben.

11. Oktober
Wenn der Mut sich nicht mehr fühlt

Kein Bewohner der inneren Welt fühlt sich zu jeder Zeit so, wie er gern sein möchte. Das gilt auch für den Mut. Manchmal verläßt er sein Haus und irrt umher. Dann weiß er nicht, woher er kommt und wohin er will. Wer ihn näher kennt, weiß, daß Stunden dieser Art so gar nicht seinem Wesen entsprechen. Und deshalb duldet er sie auch nicht lange. Schon bald bäumt er sich gegen seinen Unmut auf. Und wer das Glück hat, ihn dabei zu beobachten, wird darüber staunen, wie rasch er sich wiederfindet.
Zunächst einmal richtet er sich auf. Er nimmt Haltung an. Dann geht er aufrechten Ganges weiter. Weit öffnet er seine Augen. Voll Aufmerksamkeit sieht er auf alles, was ihm begegnet. Das Herz, das ihn einmal auf einem solchen Weg begleitete, fand das schöne Wort: »Wenn der Mut sein Wesen wiederfinden will, dann scheint es so, als suche er in allem, was ihm begegnet, das wartende Leben.«
Und wenn er gefunden hat, was er finden wollte, dann bestätigt sich ihm wieder einmal, was er immer ahnte: daß das gute Leben nur dem verborgen bleibt, der sich vor ihm verbirgt.

U.B.

12. Oktober
Lebenselend

Vor kurzem geträumt: Wir wohnten auf dem Graben in der Nähe des Café Kontinental. Aus der Herrengasse bog ein Regiment ein, in die Richtung zum Staatsbahnhof. Mein Vater: »So etwas muß man sehen, solange man dazu imstande ist« und schwingt sich (im braunen Schlafrock . . .) auf das Fenster und spreizt sich draußen mit ausgestreckten Armen auf der sehr breiten, stark abfallenden Fensterbrüstung. Ich packe ihn und halte ihn an den beiden Kettchen, durch welche die Schlafrockschnur gezogen ist. Aus Bosheit streckt er sich noch weiter hinaus, ich spanne meine Kräfte auf das äußerste an, um ihn zu halten. Ich denke daran, wie gut es wäre, wenn ich meine Füße mit Stricken an irgend etwas Festem anbinden könnte, um nicht vom Vater mitgezogen zu werden. Allerdings müßte ich, um das zu bewerkstelligen, den Vater wenigstens ein Weilchen lang loslassen, und das ist unmöglich. Diese ganze Spannung erträgt der Schlaf – und gar mein Schlaf nicht, und ich erwache.

F. Kafka, Tagebücher

13. Oktober
Einer dachte nach

»Als ich auf Rhodos war«, prahlte ein Wanderer, »habe ich viele wunderbare Dinge vollbracht. So bin ich zum Beispiel doppelt so weit wie alle anderen gesprungen. Überzeugt euch selbst und fragt die Leute von Rhodos.« Die ihm zuhörten, waren tief beeindruckt. Nur einer schüttelte ungläubig den Kopf. Herausfordernd fragte er: »Wozu sollen wir nach Rhodos fahren? Was immer du kannst, du kannst es uns auch hier zeigen.«

14. Oktober
Die Kraft der Schwäche

An einem Fluß stand eine schöne große Eiche. Sie war stolz auf ihre Stärke. Doch als eines Tages ein grausamer Sturm über das Land tobte, konnte selbst sie seiner Kraft nicht widerstehen. Ihre Wurzeln wurden aus der Erde gerissen. Ihr mächtiger Stamm fiel über den Fluß ins Schilfrohr.

Als sie begriffen hatte, was geschehen war, sah sie erstaunt die scheinbar zerbrechlichen Halme des Schilfrohrs, die zwar vom Sturm gebogen, doch nicht geknickt worden waren. Auf diese Merkwürdigkeit angesprochen, antwortete das Schilfrohr und wiegte sich nachdenklich im nachlassenden Wind: »Du hast mit dem Sturm gekämpft und wußtest doch, daß er der Stärkere war. Wir haben nicht mit ihm gekämpft, weil wir wußten, daß wir schwächer sind als er. So konnte er uns streifen, verletzen aber konnte er uns nicht.«

15. Oktober
Menschliches und göttliches Gesetz

Aus Haß gegen den Bruder Antigones hatte Kreon, der König von Theben, ein Gesetz erlassen, nach dem Polyneikes nicht beerdigt werden durfte. Antigone erwies ihrem Bruder dennoch die letzte Ehre. Sie leugnete weder die Tat noch die Kenntnis des königlichen Gesetzes. Erhobenen Hauptes und mit fester Stimme sprach sie zum König: »Ich kenne auch andere Gesetze, solche nämlich, die von den unsterblichen Göttern stammen und die für alle Ewigkeit gelten – Gesetze, die kein Sterblicher ungestraft übertreten darf.« So gab sie ihrer Überzeugung Ausdruck, daß die Liebe zu ihrem Bruder wert-voller war als die Einhaltung eines aus Haß geborenen Gesetzes.

Aus dem alten Griechenland

16. Oktober
Der Stein des Weisen

Ein Mann machte sich auf den Weg, um den »Stein der Weisen« zu suchen. Alles, was er bislang gedacht und erfahren hatte, schien ihm keine richtige Antwort auf die Frage zu sein, wie er das Leben verstehen und wonach er sich richten sollte.
Er wanderte durch Städte und Landschaften, zu bestimmten Menschen und bestimmten Tieren, er suchte am Tage und in der Nacht. Manchmal dachte er, den Stein gefunden zu haben. Doch bald schon war er wieder enttäuscht.
Als er die Suche fast aufgegeben hatte, sah er am Rande einer Straße einen Hund, der von einem vorbeifahrenden Menschen verletzt und liegengelassen worden war. Das Tier wimmerte leise und sah ihn unverwandt an. Es war so, als hätte es auf ihn gewartet. Da wußte der Mann, was er zu tun hatte: Er streichelte den Hund, nahm ihn behutsam auf die Arme und trug ihn in das nächste Haus, von dem aus er auf die Straße gelaufen war. Ganz warm war das Herz des Mannes geworden. Und als er das Tier gut versorgt wußte, machte er sich auf den Heimweg. Er hatte gefunden, was er so lange gesucht hatte.

U.B.

17. Oktober
Reinheit in der Natur

Merk-würdigerweise ist Artemis, die griechische Göttin der freien Natur, zugleich die Göttin der Reinheit und der Keuschheit. Als Aktaeon es wagte, die sehr schöne jungfräuliche Göttin beim Bade zu überraschen, verwandelte sie ihn voller Zorn in einen Hirsch, so daß ihn seine eigenen Hunde zerrissen.

18. Oktober
Machtkampf

In der Ilias, dem griechischen Heldenepos vom Krieg zwischen den Trojanern und den Achäern, unterstützte der mächtige Göttervater Zeus die Trojaner und Hera, seine Gattin, die Achäer. Es sah so aus, als sei der ganze Krieg letztlich ein »olympischer Ehestreit« zwischen der eifersüchtigen Hera und dem in seinem Liebesverlangen unersättlichen Zeus.

Wer diese scheinbar tragische Auseinandersetzung näher betrachtet, kommt allerdings zu dem Schluß, daß weder die Untreue noch die Eifersucht Gründe für den Dauerstreit des göttlichen Paares waren. Grund dafür war letztlich der Kampf um den *bestimmenden Einfluß* zwischen Frau und Mann.

Im Verlauf dieses Kampfes sagte die Göttin irgendwann einmal dem Sinne nach einen Satz, der auch im Streit unter menschlichen Paaren Ausdruck und Folge vieler verzweifelter Stunden ist: »Mach doch, was du willst, ich komme gegen dich nicht an.«

19. Oktober
Tierische Menschen

Vom griechischen Fabeldichter Aesop haben wir erfahren: Auf Zeus' Befehl hin schuf Prometheus Menschen und Tiere. Als jedoch mehr Tiere als Menschen die Erde bevölkerten, befahl Zeus ihm, von den Tieren einige zu Menschen umzuformen. Prometheus führte den Befehl aus. Deshalb haben manche eine menschliche Gestalt, aber eine tierische Seele.

20. Oktober
Das gewöhnliche Los der Menschen

Als Hassan seiner Gier nach den Schätzen nicht widerstehen konnte, die ihm sein geheimnisvoller Freund im unterirdischen Palast des ägyptischen Königs gezeigt hatte, hörte er einen rollenden Donner. Und aus dem Sarkophag des Königs, der den Stein der Weisen gefunden hatte, ertönte eine dumpfe Stimme:
»Der, dessen unersättliche Begier mehr verlangt, als ihm beschieden ist, verliert auch das, was er besaß.
Es ist ein gewöhnliches Los der Menschen, daß sie ihr Glück in der Blüte vernichten.«

Nach einer morgenländischen Erzählung

21. Oktober
Hoffnung

Ein Mensch, den furchtbare Ereignisse der Vergangenheit eingeholt hatten, träumte:
Er sieht eine Unterstadt, deren Häuser von Rauch erfüllt sind. Es scheint sicher, daß alle Gebäude bald in Schutt und Asche liegen werden. Ein Haus zieht seinen Blick an. Er geht hinein und sieht am Ende des Gebäudes ein Tor, das ins Freie zu führen scheint. Er sieht jedoch auch, daß in bestimmten Abständen scharfe Schwerter den Durchgang unmöglich machen.
Da hört er eine Stimme von oben, die sagt: »Hörst du auf meine Signale, so wirst du unverletzt durchs Tor hindurchgehen können.«
Der Träumer achtet auf die Signale, geht unverletzt durchs Tor hindurch und findet sich auf halber Höhe eines Berges wieder, hinter dem die Sonne aufzugehen beginnt.

22. Oktober
Unentschlossenheit

Ein Mann, der sich in wichtigen Dingen selten durchsetzen konnte, ritt im Kriegergewand, die Lanze zum Angriff bereit, dem Feind entgegen und brüllte, so laut er konnte: – »Frieden«.

Aus einem Traum

23. Oktober
Überwundene Tragik

Ein tragischer Poet, der in der Schattenwelt nach neuen Gedanken suchte, stieß bei seiner Wanderung auf einen Hügel, der seltsamerweise sonnig war. Der Hügel lud ihn ein, auf ihm Platz zu nehmen. Verwirrt ließ der Poet sich nieder.
Vor ihm waberte dichter Nebel, dessen schleichende Gestalten an anderen Tagen seiner Melancholie poetischen Ausdruck verliehen hätten. Doch irgend etwas hinderte ihn heute daran.
Seltsam warm war der von der Sonne eingerahmte Hügel. Der Poet wurde schläfrig und still. Die Schatten der Nebel nahm er nicht mehr wahr. Sie lösten sich auf wie die Reime, die in ihm wachsen sollten. Und ganz allmählich keimte in ihm Neues, etwas von Glück und Gelassenheit, von Frieden und Liebe. Zunächst lächelte er versonnen, dann lachte er kurz auf. Und als er vor seinen inneren Augen sah, wie seiner Tragik Flügel wuchsen und sich mit den Flügeln des Narren in ihm vereinten, schlug er sich auf die Schenkel und lachte und lachte – über sich selbst.

Margrit Böschemeyer

24. Oktober
Musik im Sturm

Immer dann, wenn die Herbststürme sich auf den Weg zur Erde begeben, nehmen drei dieser Stürme Musik mit auf die Reise. Sie kennen nämlich ihre rauhen Brüder und deren wüste Machenschaften. Und dann, wenn die anderen ihr Sturmspiel übertreiben, lassen die drei zarteren Stürme die Musik über die Erde wehen. Und wer ein Ohr für sie hat, kann sie vernehmen.

U.B.

25. Oktober
Das verborgene Dunkle

Auf dem Weg zum Südlichen Orakel mußte Atréju durch das Zauber-Spiegel-Tor hindurch. Er konnte aber nur dann das Tor passieren, wenn er zuvor sein eigenes Schattenbild auszuhalten gewagt hatte. Der Zwerg Engywuck erläuterte Atréju, worum es dabei ging:
Stehe man davor, dann sehe man sich selbst, allerdings nicht sein Äußeres, sondern seine innere Wirklichkeit. Wer also durchs Tor wolle, der müsse zuvor *in sich selbst* hineingehen. »Habe erlebt«, fuhr der Zwerg fort, »daß gerade solche Besucher, die sich für besonders untadelig hielten, schreiend vor dem Ungeheuer geflohen sind, das ihnen in dem Spiegel entgegengrinste.«

Nach: Michael Ende, Die Unendliche Geschichte

26. Oktober
Die ungerechtfertigte Klage

Zwei Ochsen zogen einen schweren Wagen über einen schlechten Weg. Der Wagen holperte, knackte und ächzte. Schließlich wurde den Ochsen das Stöhnen des Wagens zuviel. Deshalb riefen sie ihm zu: »Was beklagst du dich? Wer hätte denn Grund zur Klage?! Doch jammert der am lautesten, dem es am besten geht.«

27. Oktober
Undankbarkeit

Zwei Wanderer sahen in der Ferne eine gewaltige Platane und eilten auf sie zu. Erhitzt und müde vom Weg, ließen sie sich in ihrem Schatten nieder und streckten sich genüßlich aus. Während sie in die Zweige des Baumes schauten, sagte der eine: »So eine Platane ist doch ein ziemlich nutzloses Gehölz. Sie trägt keine Früchte. Sie steht nur einfach da.«
Da reckte sie ihre Zweige weit aus und ließ ihre Stimme vernehmen: »Geht es dir, Wanderer, nicht gut in meinem kühlen Schatten? Schütze ich dich nicht vor der glühenden Sonne? Kaum hast du, wonach du dich sehnst, schon vergißt du den Dank.«

28. Oktober
Nur eine Ahnung

Jährlich im Herbst, wenn die Nächte kälter werden, bereitet die Königin der Milchstraße ein großes Fest vor. Die Sterne beladen ihre großen und kleinen Wagen mit Geschenken. Die kleinen, sonst unscheinbaren Sternchen erleuchten die Straße. Dann hält der volle silberne Mond mit gleißender Pracht Einzug in die berühmte Straße. Wir Menschen stehen auf der dunklen Erde und bestaunen die Pracht in der Höhe. Wir sehen sie zwar, doch können wir sie nicht erkennen. Wir ahnen ihre Schönheit, doch kommen wir über das Ahnen niemals hinaus. Denn die Königin der Milchstraße zieht – ganz sacht – ihren lichtdurchsetzten Schleier unter ihre Straße.

Margrit Böschemeyer

29. Oktober
Bewußtes und Unbewußtes

Einmal im Jahr treffen sich die Gedanken und die Träume an einem besonderen Ort. Die Gedanken reisen aus dem Land an, das man »Bewußtsein« nennt, die Träume aus dem Land des »Unbewußten«. Sie kommen zusammen, um sich näher kennenzulernen. Denn beide wissen, wie wichtig es wäre, wenn sie sich mehr als bisher wechselseitig er-gänzten.

Einmal fiel die Verständigung besonders schwer. Die Träume führten darüber Klage, daß die Gedanken wenig willig seien, das Schattenland der »inneren Welt« zur Kenntnis zu nehmen. Die Gedanken wandten ein, sie beachteten das dunkle innere Land nur deshalb so wenig, weil sie nicht in ihrer Arbeit gestört werden möchten. Daraufhin sahen sich die Träume ratlos an und äußerten die Vermutung, es würde noch lange dauern, ehe aus beiden Ländern ein g a n z e s werden könnte.

U.B.

30. Oktober
Die Quelle der Geborgenheit

Manchmal, wenn sich die Nacht über die Welt ausgebreitet hat, ist die Geborgenheit verzagt, weil der Mensch, dem sie Heimat geben möchte, sie nicht findet.
Dann wandert sie zum Tal der Träume und bittet den einen oder anderen Traum um Hilfe. Die Gespräche dauern lange, weil kein Traum unvorbereitet in den Schlaf des Menschen wandert. Sie sprechen über sein Leben: Über das, was ihn bekümmert, über das, was ihm fehlt, und auch darüber, was er heute nacht erfahren sollte.
Danach beginnt der letzte und schönste Teil des Gespräches: die Frage nach den Bildern (Bilder sind für die Träume ebenso wie für die Geborgenheit die »wirklichsten Wirklichkeiten«), die den Träumer zum Haus der Geborgenheit führen sollen . . .
Dann erheben sich die Geborgenheit und die jeweils zuständigen Träume. Die Träume eilen zum Schlaf, die Geborgenheit wandert nach Hause – und hofft und hofft, daß der Mensch zu fühlen beginnt, wo seine Heimat ist.

U.B.

31. Oktober
Nicht haben, sondern sein

Zu den giftigsten Quellen im menschlichen Leben gehört der Vergleich mit anderen Menschen. Nicht das Aussehen, nicht die Begabung, nicht die Bildung, nicht der Besitz an sich sind letztlich lebensbestimmend, sondern die Einstellung zu alledem. Denn nicht, was wir haben, begründet unser Lebensgefühl, sondern das, was wir sind.

Däumeling, der winzige Sohn eines Schneiders, beklagte sich nicht darüber, daß er noch kleiner war als ein Zwerg – im Gegenteil: Er holte nicht nur das Beste aus sich heraus, den Mut, er genoß auch die Vorteile, die mit seiner winzigen Gestalt verbunden waren. Und mehr als das: Er vertraute darauf, daß sein Vater, der wichtigste Mensch in seinem Leben, ihn bedingungslos liebte. Als der Fuchs sich seiner bemächtigt hatte, führte Däumeling ihn zum väterlichen Hühnerhof, um dadurch sein Leben retten zu können. Und er zweifelte keinen Augenblick daran, daß er dem Vater wichtiger war als dessen ganze Habe.

November

1. November
Schritt für Schritt

Wenn Beppo, der Straßenkehrer, eine sehr lange Straße vor sich sah und ihn der angstvolle Gedanke überfiel, diese Strecke nicht schaffen zu können, erinnerte er sich an sein eigenes Geheimnis:
Man müsse nur an den nächsten Schritt denken, an den nächsten Atemzug, an den nächsten Besenstrich und immer wieder nur an den nächsten. Dann mache es Freude . . . Dann dachte er weiter: »Auf einmal merkt man, daß man Schritt für Schritt die ganze Straße gemacht hat. Man hat gar nicht gemerkt, wie, und man ist nicht aus der Puste. So ist es richtig.«

Nach: Michael Ende, Momo

2. November
Eine erstaunliche Ent-Täuschung

Ein Mann, der sich schon lange sehr bedrückt fühlte, hatte diesen Traum:
Er lag mit dem Rücken auf dem Boden und konnte sich, wie es schien, nicht mehr bewegen. Niemand war bei ihm. Er fühlte sich völlig hilflos.
Da bemerkte er, daß sich sein Zeh bewegte. Er war überrascht. Nun versuchte er, seinen ganzen Fuß zu bewegen, und es gelang. Voll banger Hoffnung machte er sich daran, sein Bein aufzurichten, und es gehorchte seinem Willen. Und jedesmal, wenn er sich einem anderen Körperteil zuwandte, spürte er wieder das alte Leben.
Dann stand er auf, voll Staunen noch und doch in der Gewißheit, daß seine Kraft nur in ihm geschlafen hatte.

3. November
Die vermauerte Kirche

Eine alte Kirche, welche den Sperlingen unzählige Nester gab, ward ausgebessert. Als sie nun in ihrem neuen Glanze dastand, kamen die Sperlinge wieder, ihre alten Wohnungen zu suchen. Allein sie fanden sie alle vermauert. »Zu was«, schrien sie, »taugt denn nun das große Gebäude? Kommt, verlaßt den unbrauchbaren Steinhaufen!«

Gotthold Ephraim Lessing

4. November
Das Geheimnis der großen Liebe

Die große Liebe ist in der inneren Welt, die jeder in sich trägt, eine besonders beliebte Person.
Einst fragte die Traurigkeit sie nach ihrem Geheimnis. Die große Liebe wurde sehr nachdenklich, denn es lag ihr daran, ihrer traurigen Mitbewohnerin eine helfende Antwort zu geben. »Mein Geheimnis«, begann die große Liebe schließlich, »liegt vielleicht darin, daß ich in dem, den ich liebe, vor allem die Perlen suche.« – »Die Perlen?« fragte die Traurigkeit ungläubig zurück. »Die Perlen«, wiederholte die große Liebe ruhig, »denn wenn der andere die Perlen sieht, die ich für ihn gefunden habe, beginnt auch er, an seinen inneren Glanz zu glauben.«

U.B.

5. November
Vergessene Trauer

Es gibt immer wieder Menschen, die nicht wissen, warum sie traurig sind. Sie scheinen alles zu haben, was sie sich wünschen, und doch durchzieht eine unerklärliche Dunkelheit ihre Seele. Einer der Gründe liegt darin, daß sich manche von ihnen nach dem Verlust eines geliebten Angehörigen nicht aus-getrauert haben. Und wenn das so ist, dann steigen Träume auf und zeigen dem schlafenden Menschen, was er zu tun hat. Ein Beispiel:
Ein melancholisch wirkender Mann, dessen Vater vor dreißig Jahren gestorben war, stand an einem Friedhofstor. Sein Weg führte ihn zu einem offenen Grab. Als er hineinschaute, überkam ihn eine tiefe, nie erlebte Traurigkeit. Plötzlich stand sein Vater neben ihm, still und freundlich, und deutete auf sein Grab.
Tränenüberströmt wachte der Mann auf. Sein Herz war zwar noch immer von Traurigkeit erfüllt, zugleich aber bemerkte er voll Staunen ein neues, befreites Gefühl.

6. November
Grenzenlose Welt

Immer wieder scheint es mir, als habe die »innere Welt« keine Grenze. Die Träumer oder Wanderer der inneren Welt sehen sich in der Mitte des Kosmos, umgeben von leuchtenden Sternen, sie schauen in nicht auslotbare Tiefen, sie wandern zu Horizonten, die gar keine sind. Deshalb frage ich: Kann es sein, daß die »Tiefe« der inneren Welt der »Höhe« des Universums entspricht? Jedenfalls legt sich dem die Vermutung nahe, der Tag um Tag von diesen inneren Bildern erfährt.
Ob diese Erfahrung angst macht? Im Gegenteil. Sie bewirkt vielmehr das gewisse Gefühl, daß wir Menschen aufgehoben sind in einem großen Ganzen.

7. November
Bedingungen der Sinnerfahrung

Der weise Kung Dsi vertraute Laotse an, zwölf Jahre lang habe er den Sinn in den Urkräften des Weltalls gesucht und nicht gefunden. Laotse wunderte sich darüber nicht und zeigte dem weisen Mann andere Zugänge zum Sinn. Bemerkenswert in seiner längeren Rede waren vor allem diese Sätze:

»Wo im Innern kein Herr ist, da verweilt er (der Sinn) nicht. Wo im Äußeren nicht die rechte Art ist, da kommt er nicht. Wenn er, aus dem Inneren hervorgebracht, bei denen draußen keine Aufnahme fände, so holt ihn der Berufene (aus seinem Inneren) nicht hervor (um ihn anderen mitzuteilen).«

8. November
Wer nicht will, gewinnt

Prinz Bahman, der mit seiner Gattin zufrieden lebte, machte sich auf, um des Glücks eigene Quelle zu suchen. Zu dieser Reise hatte er sich entschlossen, nachdem eine weise Frau der Prinzessin eröffnet hatte, dem schönen Schloßgarten fehle d i e s e Quelle.
Am Fuße des Berges, den er erstiegen hatte, begegnete er einem Derwisch, der ohne Gruß und Blick ihm sagte: »Kehre um! Wer strebt, verliert; wer nicht will, gewinnt. Nicht wollen, nicht wahrnehmen, nicht haben allein eröffnet den Weg. Es werden dich Bilder aus der Tiefe überfallen und Stimmen von allen Seiten. Aber wehe dir, den Blick zu wenden!« – Der Prinz kehrte nicht um. Und es kam so, wie der Derwisch es ihm vorhergesagt hatte: Während seines langen, einsamen Aufstiegs lockten und überfielen ihn viele dunkle Bilder, und ein Heer verführerischer Stimmen bedrängte ihn. Lange widerstand er ihnen, doch nicht lange genug. So wurde er zu schwarzem Stein verwandelt. – Wäre nicht die unbeirrbare Liebe seiner Frau gewesen, die ihm gefolgt war, und hätte s i e sich nicht treu an die Worte des Derwischs gehalten – der Prinz wäre, wie viele andere Sucher der Glücksquelle auch, versteinert geblieben.

Nach einem orientalischen Märchen

9. November
Das Ja der inneren Welt

In mehreren Nächten, denen trostlose Tage vorausgegangen waren, hoben die Träume den Träumer ganz sacht auf ihre Flügel und flogen mit ihm zu jenen Räumen, die er bis dahin nie gesehen hatte.
In einer Nacht sah er ein weites blaues Meer und ließ sich von den Wassern tragen.
In einer anderen Nacht hob ihn ein Adler auf seine Schwingen und schenkte ihm einen wundersamen Abstand zu seiner kleinen traurigen Welt.
In der dritten Nacht stand er vor einem Bild, das er nicht gleich erkannte. Doch als er näher herantrat, sah er sich selbst und so, wie er im Grunde war.
Als er am Morgen erwachte, fand er ein Lächeln auf seinem Gesicht, und aus seinem Munde hörte er ein »Ja«. Und da begriff er, daß dieses in den Tag gesagte »Ja« aus seinem eigenen Herzen kam.

U.B.

10. November
Unglück muß nicht bleiben

Der kleine Jakob, dessen Mutter auf dem Markt Gemüse und Kräuter anbot, belustigte sich über die lange Nase eines häßlichen alten Weibes. Zur Strafe dafür setzte ihn die Alte, als er sie in ihr wunderliches Haus begleitete, durch ein seltenes Kräutlein in einen tiefen Schlaf. Als er erwachte, sah er, daß er in einen häßlichen Zwerg mit langer Nase verwandelt worden war. Mit Abscheu reagierte die Umwclt auf ihn.

Jakob, der nun Zwerg Nase war, gab jedoch nicht auf. Als Küchenmeister verdingte er sich bei einem Herzog, für den er eines Tages die »Pastete Souzeraine« zuzubereiten hatte. Eine der Hauptzutaten war das seltene Kräutlein »Niesmitlust«. Er mußte lange suchen, bis er es gefunden hatte. Und da geschah es: Als er daran roch, erhielt er seine ursprüngliche Gestalt zurück.

11. November
Unbewußter Geist

Im Traum hörte ein älterer Mann, der schon als Kind seine Mutter verloren hatte und noch immer unter dem Verlust litt, ihre Stimme: »Geh, mein Kind, geh!«
Ob ein Satz wie dieser nur die Ein-Bildung von Wünschen ist? Ob er nicht auch die A u s - B i l d u n g guter Ahnungen sein kann?

12. November
Das Leben kennt Gnade

Der alte Kohlenbrenner Peter Munk sehnte sich nach Reichtum und Ansehen. Da gewährte ihm das Glasmännlein, Schatzhauser genannt, drei Wünsche. Statt Verstand und Klugheit wünschte sich Peter, ein flotter Tänzer zu sein, viel Geld und die erfolgreichste Glashütte des Schwarzwaldes zu besitzen. Die Wünsche wurden ihm erfüllt. Da er aber zu oft ins Wirtshaus ging, war er nach geraumer Zeit ärmer denn je zuvor.
Der mächtige Waldgeist, Holländer-Michel genannt, versprach ihm neuen Reichtum. Als Gegenleistung gab Peter ihm sein lebendiges Herz und ließ sich dafür ein steinernes einsetzen. Ausgestattet mit seinem kalten Herzen, bemerkte er nun nicht mehr, was er trieb. Er lebte in Saus und Braus, verstieß seine alte Mutter und tötete seine junge Frau, die einem armen alten Mann Essen geschenkt hatte. Doch welch eine Gunst: Der alte Mann, kein anderer als das »Glasmännchen«, gab ihm noch einmal eine Chance: Er zeigte ihm, wie er den Waldgeist überlisten und sein lebendiges Herz wiedererlangen könne. Und darüber hinaus gab er dem reuigen Peter seine Mutter und seine Frau zurück.

13. November
Die unermeßliche Weite des Traum-Landes

Im Traum stehe ich an der Grenze zum Traum-Land. Weit, unermeßlich weit tut sich dieses Land auf. Ich sehe nichts Bestimmtes, ich sehe nur eine anscheinend grenzenlose Fläche, über der ein warmes Zwielicht liegt.
Ich habe ein klares Gefühl: So weit ist dieses Land, und so voll dichtem Leben! Ich fühle mich von ihm angezogen. Ich ahne seinen Reichtum.

U.B.

14. November
Der einseitige Blick

Alle Lebewesen werden immer auf das am meisten achten und das verteidigen, was für sie das Wichtigste ist.
Ein Kaufmann hatte einen wunderschönen Papagei, den er so sehr liebte, daß er mit ihm seine ganze Freizeit verbrachte. Jedes Kunststück – und davon kannte der entzückende Vogel viele – belohnte sein Herrchen mit einem Stück Zucker aus dem Zuckersack. Nichts war dem Papagei deshalb im Laufe der Zeit wichtiger geworden als dieser Sack. – Eines Abends waren die beiden allein zu Hause. Und da der Kaufmann müde war, bat er den Papagei, wach zu bleiben und das Haus zu hüten. Vom Kopf bis zur letzten Schwanzfeder stellte er sich auf seine wichtige Aufgabe ein und ließ die ganze Nacht den Sack nicht aus den Augen. Und tatsächlich: Zu später Stunde kam ein Einbrecher und raubte alles Hab und Gut des Kaufmanns – bis auf den Zuckersack, den er übersehen hatte. – Am nächsten Morgen ging der Herr durch sein fast leeres Haus und beklagte jedes einzelne verlorene Gut. Und immer wieder antwortete der Papagei darauf: »Sei still, der Zuckersack ist noch da . . .«

Nach einem persischen Märchen

15. November
Denken allein genügt nicht

Ein König hatte ein wichtiges Amt zu vergeben, und um den richtigen Mann dafür zu finden, stellte er die kräftigen und weisen Männer seines Hofstaates auf die Probe. Er führte sie zu einem riesengroßen Türschloß, das keiner der Kandidaten je zuvor gesehen hatte. Dann fragte der König, wer von den Männern das Schloß öffnen wolle. Und er ergänzte, es bedürfe dazu allerdings einer gewissen Kunst.
Einige Männer schüttelten sogleich resigniert den Kopf, andere, vor allem die Weisen, nahmen es näher in Augenschein, zogen sich dann aber ebenso resigniert zurück. Nur einer gab nicht auf. Er untersuchte das Schloß von allen Seiten, mit seinen Blicken ebenso wie mit seinen Händen. Dann zog er energisch daran und – öffnete das Schloß. Es war nur angelehnt gewesen.
Da sprach der König zu ihm: »Du wirst das wichtige Amt erhalten, denn du verläßt dich nicht nur darauf, was du siehst und hörst. Du setzt auch deine eigenen Kräfte ein und hast den Mut, eine Probe zu wagen.«

Nach einer orientalischen Erzählung

16. November
Frucht der Selbsterkenntnis

Einst fragte der Kopf das Herz, warum es so behutsam mit gescheiterten Menschen umgehe. Das Herz dachte lange nach. Dann sagte es: »Weil ich mich selber kenne.«

U.B.

17. November
Aufeinander angewiesen

Eines Tages schnappte ein Löwe mit seiner großen Pranke nach einer vor seinem Gesicht vorbeihuschenden Maus. Die Maus flehte ihn an, er möge sie am Leben lassen. Sie versicherte ihm auch, sie werde sich irgendwann einmal für seine Großzügigkeit revanchieren. Der Löwe lachte laut auf und sagte nur, ein so kleines Tier könne doch ihm, einem so großen Tier, in keiner Weise etwas wert sein. Gutmütig ließ er sie laufen.
Einige Tage später hörte die Maus in ihren unterirdischen Gängen den Löwen laut um Hilfe brüllen. Rasch lief sie zu ihm und sah, daß er von Menschen in einem Netz gefangen worden war. »Sie werden mich töten«, stöhnte der Löwe. Die Maus achtete nicht auf seine Klagen und begann sofort, das Netz mit ihren scharfen Zähnen durchzunagen. Bald hatte sie ihn befreit. Groß war die Freude des Löwen. Dann sagte er, und seine Stimme verriet, daß er innerlich sehr bewegt war: »Es stimmt, es gibt Zeiten, in denen die Schwachen auch den Starken behilflich sein können.«

18. November
Die Absonderung und ihre Folgen

Als die Schildkröte noch keinen Panzer trug, gab Jupiter, der oberste Gott, für alle Tiere ein großes Fest. Man vermißte die Schildkröte. Der besorgte Gott suchte nach ihr und fand sie auch. Auf seine Frage, warum sie seiner Einladung nicht gefolgt sei, antwortete sie, sie sei am liebsten allein zu Hause. Da befahl ihr Jupiter, dem viel an der Gemeinschaft aller Kreaturen gelegen war, fortan solle sie ihr Haus stets bei sich tragen.

19. November
Nur die Schätze der Seele

Ein geheimnisvoller Mann führte Hassan, den Sohn wenig begüterter Leute aus Damaskus, durch die Tiefe eines Brunnens in einen Palast von Rubinen, in dem alle Schätze der Welt versammelt zu sein schienen. Hassan befand sich in dem uralten Palast jenes ägyptischen Königs, der den Stein des Weisen entdeckt hatte.
Der geheimnivolle Mann führte ihn auch zum Sarkophag des Königs, auf dem die Worte geschrieben standen:
»Erkaufe die Zeit!
Mit den Schätzen der Welt erkaufst du sie nicht. Du verlierst die Zeit, wenn du nur die Schätze begehrst.
Alle Schätze, die ich im Leben sammelte, mußte ich zurücklassen.
Nur die Schätze deiner Seele, Freund,
geleiten dich hinüber in das Neue Land.«

Nach einer morgenländischen Erzählung

20. November
Zu frühe Verurteilung

Uralt ist die Neigung der Menschen, andere rasch zu verurteilen. Doch liegen manchmal Schein und Sein in ganz verschiedenen Welten: Einst brachte eine Königstochter ein Kind zur Welt. Niemand wußte, wer der Vater war. Da befahl der König, die Prinzessin solle mit dem Kind in die Kirche gehen. Der Mann, dem es eine Zitrone reiche, solle als Vater und zugleich als Gemahl der Prinzessin gelten. Nur schöne Männer wurden in die Kirche eingelassen. – Unbemerkt hatte sich auch Hans Dumm, ein buckliger und scheinbar törichter Mensch, in das Gotteshaus eingeschlichen. Als das Kind ausgerechnet ihm die Zitrone gab, war das Entsetzen des Königs groß. Er verbannte die drei. Hans Dumm aber zeigte der Prinzessin Schritt um Schritt, wer er in Wirklichkeit war. Am Ende verwandelte er sich in einen klugen und schönen Prinzen, mit dem sie und ihr Kind glücklich lebten. – Viel später verirrte sich der alte König und gelangte an das Schloß des »Hans Dumm«. Man gab sich ihm zunächst nicht zu erkennen. Die Tochter steckte stattdessen dem Vater heimlich einen goldenen Becher in die Tasche und ließ ihn als Dieb überführen. Als sie sich ihm daraufhin zu erkennen gab, war der Vater tief beschämt. – Es versteht sich von selbst, daß von diesem Tage an das Glück in beiden Schlössern Einzug hielt.

21. November
Gier

Ein Hund, der ein Stück Fleisch mit sich trug, sah auf der Mitte eines Steges sein Spiegelbild im Bach und dachte, er sähe einen anderen Hund. Es schien ihm auch, als wäre das Fleischstück des anderen größer als sein eigenes. Er ließ es deshalb fallen und wollte sich des anderen Stückes bemächtigen.

Doch der Bach trug das ersehnte andere davon – und auch sein eigenes.

22. November
Was Kinder können

Im Land der »Großen Schwermut« herrschen an vielen Tagen im Jahr Dunkelheit und bedrückende Stille. Manchmal aber hellt sich das Land auf. Das geschieht dann, wenn hell klingende Stimmen durchs Land schallen. Dann kommen die Bewohner aus ihren Hütten hervor, tragen bunte Gewänder, stimmen sogar Lieder der Freude an und wirken sehr fröhlich. Was ist das Geheimnis dieser Stunden? Es sind die Kinder, die diese Zeiten bringen. Wenn *sie* ins Land kommen, lassen sie sich von der Dunkelheit ihrer Gastgeber wenig beeindrucken. Sie nehmen sie einfach an die Hand und beginnen mit ihnen zu spielen. Sie necken sie und scherzen mit ihnen und drükken ihnen nasse Küsse auf die schmal gewordenen Lippen. Man wundert sich, was sich die Bewohner des schwermütigen Landes von den Kindern gefallen lassen. Und warum lassen sie es sich gefallen? Weil das Kind in ihnen *selbst* wieder lebendig wird, jenes Kind, das zwar eingesperrt werden, doch niemals sterben kann, solange ein Mensch lebt. Übrigens: Es wird behauptet, daß unter den Kindern, die das Land besuchen, viele »Kinder« ältere Gesichter haben.

U.B.

23. November
Maßlosigkeit

Der Kleinmütige wird sich aus den Kerkern seines Lebens sicher nicht befreien. Der Übermütige jedoch, der bestimmte Ordnungen des Lebens mißachtet, scheitert nicht weniger als jener.
Ikaros, dessen Vater sich und dem Sohn Flügel aus Federn gefertigt und sie mit Wachs an den Schultern befestigt hatte, flog aus seinem Kerker heraus und der Sonne entgegen. Doch weil er ihr auf seinem Höhenflug zu nahe kam, schmolz das Wachs, so daß sich die Schwingen lösten und er ins Meer stürzte.

Aus dem alten Griechenland

24. November
Das ferne Glück

Bert Brecht erzählt ein Märchen von einem Prinzen, der ein Träumer war. Wann immer er Gelegenheit fand, legte er sich in der Nähe des Schlosses auf eine kleine Wiese mit besonders großen und schönen Blumen und schaute in den blauen Himmel. Da träumte er von weißen Schlössern, hohen Spiegelfenstern und leuchtenden Söllern.
Sein Vater starb. Der Prinz wurde sein Nachfolger. Nun hatte er alles, was er sich so lange erträumt hatte: die weißen Schlösser und all die anderen herrlichen Dinge. Und wovon träumte er dann?
Von der kleinen Wiese mit den besonders großen und schönen Blumen.

25. November
Freunde sind selten

Ein reicher Kaufmann schickte seinen einzigen Sohn auf Reisen, um ihn Erfahrungen mit fremden Menschen sammeln zu lassen. Wiederkommen sollte er erst dann, wenn er einen Freund gefunden hätte.
Der Vater wunderte sich über die rasche Wiederkehr des Sohnes, vor allem aber darüber, daß dieser sagte, er habe nicht einen, er habe zwanzig Freunde gefunden.
Der Vater sah den Sohn lange schweigend an. Dann sagte er: »Rühme dich deines Freundes nicht eher, bis du ihn geprüft hast. Freunde sind selten. Die meisten, die sich so nennen, wissen nicht, was das Wort bedeutet. Sie gleichen einem Morgennebel im Sommer, den der erste warme Sonnenstrahl verzehrt.«

Nach einer morgenländischen Erzählung

26. November
Das wartende Land

Leer war die Stadt und dunkel. Nirgendwo brannte ein Licht. Niemand war zu sehen. Nicht einmal eine Katze ließ sich blicken. Es schien, als habe das Leben die Stadt verlassen.

Der Mann wußte nicht, wohin er gehen wollte. So ging er die Straße bis ans Ende und ließ die Stadt allmählich hinter sich. Nach einiger Zeit gelangte er auf einen Hügel, der in helles Licht getaucht war. In der Ferne sah er einen Strom, hinter dem das gelobte Land zu liegen schien.

Wehmütig schaute er zu diesem Land hinüber. Da flog ihm ein Vogel entgegen, der, als er über dem Mann kreiste, drei Dinge fallen ließ: ein Kleeblatt, eine goldene Kugel und einen Brief, in dem die Zeilen standen:

»Wir, Deine Freunde, sind noch immer da und werden weiter auf Dich warten.«

Ein Traum

27. November
Wichtiger als Perlen

Ein Araber verirrte sich in der Wüste und geriet in Gefahr zu verhungern. Angst breitete sich in ihm aus. Da entdeckte er neben einer Wassergrube, in der die Reisenden ihre Kamele tränkten, einen kleinen Ledersack. Mit zitternden Händen hob er ihn auf, betastete ihn und glaubte, Datteln und Nüsse darin zu finden. So rasch er konnte, öffnete er ihn, sah hinein und erschrak tief. Denn Datteln und Nüsse fand er nicht – er fand nur Perlen.

Nach einer morgenländischen Erzählung

28. November
Verweigerung

Es ist schwer und leicht zugleich, sich nicht um die Erweiterung seiner Persönlichkeit zu kümmern – schwer, weil Stagnation die Seele bekümmert, leicht, weil jede Weiterentwicklung Anstrengungen verlangt. Doch zeigt sich immer wieder, daß ein Mensch, der die Erweiterung seiner Persönlichkeit verweigert, innerlich verarmt. Der folgende Traum ist ein eindrucksvolles Beispiel für diese Tatsache:

Der Träumer steht in einem trüben, aber stillen Gewässer. Er weiß nicht, was er tun soll. Er beginnt sich zu langweilen. Da sieht er wenige Schritte von sich entfernt klares, doch turbulentes Wasser. Einerseits zieht ihn dieses Gewässer magisch an, andererseits fühlt er ganz deutlich seine Angst vor ihm.

Was soll er tun?

Er geht nach vorn. Er geht ins klare, aber turbulente Wasser. Er fühlt dessen herrliche Klarheit und Lebendigkeit. Er wankt. Das Wasser droht ihn umzuwerfen. Einen Augenblick versucht er, standhaft zu bleiben, nur einen Augenblick. Dann resigniert er – und weicht zurück in das sichere, aber trübe Gewässer.

Als er erwacht, bleiben ihm nicht einmal die Tränen über das verlorene Spiel.

29. November
Gnade vor dem Tod

Nach einer alten Sage befand sich im heiligen Hain von Kolonos der Eingang in die Unterwelt. Ödipus reinigte sich an der Quelle der Euminiden (den wohlwollenden Rachegöttinen), bekleidete sich mit einem frischen Opfergewand und nahm bewegt Abschied von seiner Tochter Antigone und Theseus, dem König von Athen. Dann bat er die beiden, sich zu entfernen, und ging mit kräftigen Schritten über die offene Schwelle in den Schlund der Unterwelt hinein.
Als sich die beiden nach einiger Entfernung umsahen, lag über dem Hain eine tiefe Stille. Und – merkwürdig genug – der Erdspalt, durch den der von seiner Schuld gereinigte Ödipus in den Hades gegangen war, hatte sich lautlos geschlossen.

Aus dem alten Griechenland

30. November
Vorbereitet auf den Tod

Am Rande der Welt fließt ein großer Strom. An dessen Ufer hütete ein Hirte seine Herde. Manchmal fand der Hirte Zeit für sich. Dann spielte er auf seiner Flöte und schaute dabei über den Fluß ans andere Ufer.
Irgendwann kam über den Strom der Tod auf ihn zu, um ihn nach drüben mitzunehmen. Ob er Angst habe, fragte ihn die dunkle Gestalt. Der Hirte verneinte die Frage, hatte er sich doch lange genug mit dem anderen Ufer vertraut gemacht. So stand er auf und ließ sich still über den Strom fahren. Und als er dort ankam, hörte er die Töne seiner Flöte, die der Wind zu seinen Lebzeiten vorausgetragen hatte.

Eine Legende

Dezember

1. Dezember
Das Geheimnis der Zeit

Auf Momos Frage nach der Zeit antwortete Meister Hora, jeder Mensch habe ein Herz, um damit die Zeit wahrzunehmen, und jeder müsse selbst bestimmen, was er mit ihr anfange. Irgendwann aber gehe jeder durch die Zeit zurück – hin zum großen runden Silbertor, durch das er gekommen sei. Von dort komme auch die Musik, die er selbst schon manches Mal gehört habe. Und immer dann, wenn er sie höre, sei er mit ihr ganz eins.
Am Ende seiner Rede sagte Meister Hora noch einen bemerkenswerten Satz: Die Menschen hätten keine Angst mehr vor dem Tod, wenn sie wüßten, wer er ist – und wenn sie keine Angst mehr vor ihm hätten, dann könnte ihnen auch niemand mehr die Lebenszeit stehlen.

Nach: Michael Ende, Momo

2. Dezember
Der unsichtbare Halt

Ein älterer Mann, der gegen jedes Gespräch über Religion allergisch war, befand sich in einer schwierigen Lebenssituation. Da träumte ihm:
Er schwebte über einem grauen, wild schäumenden Meer und war voll Angst, im nächsten Augenblick hinabzufallen und von den Fluten verschlungen zu werden. Da bemerkte er, daß er sich an einem Seil festhielt, das ihn über das Wasser hinwegzog. Er schaute nach oben, um zu entdekken, wo das Seil befestigt war, was ihm jedoch nicht gelang. Das Seil hatte seinen Halt »im Himmel«. Verwirrt, verwundert und mit zunehmendem Erstaunen setzte er die Reise fort, bis er behutsam auf dem Dach eines Hauses niedergelassen wurde, in dem ein rauschendes Fest gefeiert wurde.

3. Dezember
Wer bin ich?

»Heute nacht habe ich geträumt«, erzählt der chinesische Dichter und Philosoph Tschuang-Tse, »ich sei ein Schmetterling.
Woher weiß ich jetzt,
ob ich ein Mensch bin, der glaubt, geträumt zu haben,
ein Schmetterling zu sein,
oder ob ich ein Schmetterling bin, der jetzt träumt,
ein Mensch zu sein?«

4. Dezember
Die geheimen Helfer der Seele

Nein, wir können uns nicht mit jeder Dunkelheit unserer Seele auseinandersetzen. Es gibt in uns negative Kräfte, denen wir nicht gewachsen sind. Doch wenn wir uns selbst gut genug kennen, kennen wir auch einige unserer inneren Helfer, die uns manch dunkle Kräfte zu überwinden behilflich sind.

Auf einer »inneren Wanderung« stand eine Frau verzagt in einem dunklen Wald. Da sah sie ein Licht, in dessen Mitte eine lächelnde Frau mit langem weißen Gewand stand. Sie trug eine Kette, auf der die Wandernde das Wort »Hoffnung« lesen konnte. Die lichte Gestalt ging auf sie zu, nahm sie bei der Hand und versprach ihr, sie durch die Dunkelheit zu führen. Sie forderte sie auf, die Augen zu schließen und sich von ihr führen zu lassen.

Während die Frau sich führen ließ, drangen schrecklich schreiende Stimmen an ihr Ohr. Doch weil sie sich an die Forderung hielt, erreichte sie nach einiger Zeit ihr Ziel. Als die Frau die Augen öffnete, stand sie am Strand eines herrlichen Meeres, in dem Delphine übermütig spielten. Sie war ins Licht gelangt.

5. Dezember
Nähe und Distanz

Es war eine kalte Winternacht. Die beiden Igel froren. Doch wenn sie einander zu nahe kamen, spürten sie zwar die Wärme des anderen, stachen sich jedoch gegenseitig. Entfernten sie sich zu weit voneinander, verletzten sie sich nicht, froren aber. Im Laufe der Zeit lernten sie, den richtigen Abstand zu finden, ohne einander weh zu tun, und sich dennoch zu wärmen.

6. Dezember
Wahres Leben

In einem längeren Gespräch, in dem Laotse mit einem seiner Besucher über Grundfragen des Lebens nachdachte, kam der Weise auch auf Liebe, Pflicht und Wünsche zu sprechen und sagte:

»Liebe und Pflicht sind Nothütten der alten Könige. Man kann darin eine Nacht verweilen, aber nicht dauernd darin wohnen, sonst stellen die, die uns zusehen, zu große Ansprüche an uns. Die höchsten Menschen der alten Zeit benützten die Liebe als Pfad und die Pflicht als Herberge, um im Raum freier Muße zu wandern. Sie nährten sich vom Feld der Wunschlosigkeit und standen im Garten der Bedürfnislosigkeit . . . Wunschlosigkeit ist leicht zu ernähren, und Bedürfnislosigkeit braucht keinen Aufwand. Die Alten nannten das: Wanderschaft, bei der man die Wahrheit pflückt.«

7. Dezember
Blick für anderes Leben

Die Märchen sagen es immer wieder:
Wer andere Lebewesen beachtet,
den beachtet das Leben.
Wer auf Menschen, Tiere und Pflanzen
Rücksicht nimmt,
auf den nimmt das Leben Rücksicht.
Wer den Schmerz verwundeter Geschöpfe
zu lindern versucht,
dem öffnen sich die Pforten zum Glück.

8. Dezember
Alle Zeiten sind gleich wichtig

Einst stritten die Jahreszeiten, welche von ihnen die wichtigste für die Menschen sei.
Der Frühling sagte: »Ich bringe die Jugend, und in der Jugend steckt die Lust. Darum bin ich die wichtigste.«
Der Sommer meinte: »Ich bringe die Hoch-Zeit, und höhere Zeiten gibt es nicht.«
Der Herbst erklärte: »Ich bringe die Klärung. Ohne Klärung wäre Chaos. Ich also bin die wichtigste Jahreszeit.«
Der Winter sagte: »Ich bringe die Reife, und darum geht es doch im Leben.«
So sprachen die Jahreszeiten miteinander und kamen zu keiner Entscheidung. Und da sie niemanden hatten, den sie in dieser Sache um Rat fragen konnten, beschlossen sie, daß jeder für sich noch einmal nachdenken sollte . . .

U.B.

9. Dezember
Eine andere Art der Vorsorge

Jedesmal, wenn der Winter sich aufmacht, über die Erde zu ziehen, versammeln sich die älteren Sonnenstrahlen und beraten darüber, wie sie den Menschen helfen könnten, die dunklen Zeiten besser als im Vorjahr bestehen zu können. Und jedesmal kommen die Strahlen zu dem Schluß, daß sie nur wenig helfen können.
Die letzte Versammlung verlief anders. Ein älterer Sonnenstrahl hatte die Lösung gefunden. Er sagte: »Die Menschen könnten die dunklen Zeiten besser durchstehen, wenn sie in den hellen Zeiten soviel Licht wie möglich in sich selber sammelten.« Das sahen alle anderen ein, strahlten und strahlten auf die Erde nieder – in der Hoffnung, daß die Menschen diese wichtige Botschaft begriffen.

U.B.

10. Dezember
Eindeutigkeit

Ein Mann lebte mit einem Satyr, einem Wald- und Feldgeist, in gutem Einvernehmen unter einem Dach. In einem Winter überraschte der Satyr den Mann dabei, wie er in seine Hände blies. Erstaunt fragte er ihn, was er da mache. Der Mann antwortete, er hauche sie warm, weil es kalt sei. Als sie am Abend miteinander Haferbrei aßen, blies der Mann in den Haferbrei. Wieder fragte der Satyr nach dem Grund des Blasens. Der Mann antwortete, er kühle den Brei mit seinem Atem.
Da erhob sich der Satyr, verabschiedete sich und sagte: »Mit einem Mann, der kalt und heiß aus seinem Mund blasen kann, kann ich nicht in einem Haus leben.«

11. Dezember
Wechsel des Schicksals

Amru, der Sultan von Gazna, war in einer Schlacht von einem anderen Sultan geschlagen und gefangengenommen worden. Sorgfältig wurde er bewacht. Am Abend brachten die Wächter ein Stück Fleisch. Ehe sie es jedoch kochen konnten, schlich ein Hund herbei und eilte mit der Beute davon. Der hungrige Amru sprang auf und wollte es ihm abjagen. Weit kam er nicht. Er hatte nicht an seine Ketten gedacht und begann herzhaft zu lachen. Die Wächter wunderten sich, daß ein Mensch in einer solchen Situation dazu noch fähig war. Erstaunt sahen sie ihn an. »Ich lachte über die irdische Größe«, belehrte er sie. »Heute morgen sah ich bei meinem Troß dreihundert Kamele. Da sagte mir der Oberküchenmeister, sie reichten nicht einmal aus, um die Küche fortschaffen zu können. Nun aber trägt ein kleiner Hund die ganze Küche fort.«

Nach einer orientalischen Geschichte

12. Dezember
Nur ein Fußproblem?

Es sagte ein Fuß zum anderen: »Wenn ich nicht wäre, könnte der Mensch, dem ich gehöre, nicht gehen.« Daraufhin versagte der andere Fuß – nur für einen Augenblick – dem Menschen den Dienst, so daß dieser zu stolpern begann.
Da staunte der eitle Fuß und sagte leise und erst nach einiger Zeit: »Mir scheint, ich hatte dich ganz vergessen.«

U.B.

13. Dezember
Die schwerste Tugend

»Die schwerste Tugend«, so belehrte Fatma ihre Tochter, »ist die Aufrichtigkeit gegen sich selbst.« »Die schwerste?« fragte Abassa zurück, »gegen wen könnte man wohl aufrichtiger sein als gegen sich selbst?«
»Gerade weil man das glaubt«, fuhr die Mutter fort, »ist man es am wenigsten. Denn unsere Eigenliebe stellt uns immer wieder neu in einem besseren als dem tatsächlichen Lichte dar.«
Und um ihr nahezubringen, was sie meinte, erzählte Fatma ihrer Tochter von einem Weisen und seinem »Vogel der Selbsterkenntnis«. Das Wunderbare an diesem Vogel sei, daß er jedesmal eine rote Feder an seiner Brust bekomme, wenn ein ihm nahestehender Mensch unaufrichtig sei.
Die Tochter wollte sich dem Vogel aussetzen, und so ließ die Mutter ihn kommen. Kurze Zeit später berichtete das Mädchen voller Stolz, daß sich keine einzige rote Feder gezeigt habe. Da antwortete die Mutter: »Und wenn in diesem Augenblick dein zu großes Selbstvertrauen eine rote Feder bewirkt hätte?«
Die beiden gingen hin zum Vogel und fanden an seiner Brust die gefürchtete rote Feder.

Nach einer morgenländischen Erzählung

14. Dezember
Der Rahmen der Natur

Eine Krähe beobachtete am Teich die herrlichen Schwäne und wünschte sich ebenso weiße Federn, wie jene sie hatten. Da die Krähe glaubte, der Grund für die ersehnte Farbe liege darin, daß die Schwäne sich ständig im Wasser aufhielten, beschloß sie, ihre Heimat zu verlassen und wie die bewunderten Tiere zu leben. Sie badete täglich, lernte zu schwimmen und lebte von dem, was sie im Teich fand. Ihr Federkleid blieb schwarz. Und von der fremden Nahrung konnte sie auf Dauer auch nicht leben. Sie starb vor Hunger und Enttäuschung. Zu spät hatte sie erkannt, daß man zwar seine Gewohnheiten ändern kann, doch niemals den Rahmen seiner Natur.

15. Dezember
Unser Leben ist ein Traum

Nach einem langen Gespräch über die Beziehung der Menschen zu Gott führte der alte Schachabeddin den Sultan auf das Dach des Palastes. Die Stadt und das Land waren in den dunklen Schleier der Nacht gehüllt, am weiten Himmel aber strahlten die Sterne. Da faßte der Greis den Herrscher bei der Hand und sprach:
»Uns umhüllt die Nacht, zugleich jedoch sehen wir in weite Welten. Diese Blicke aber sind für unseren gebundenen Geist nur Träume. Denn unser ganzes Leben ist ein Traum.«

Nach einer morgenländischen Erzählung

16. Dezember
Der vor-handene Schlüssel

Ich stehe in der Mitte eines Turmes, der mich dunkel umschließt. Ich fühle mich eingeengt. Kein Licht zeigt sich. Als ich mich vorsichtig weiterbewege, stößt mein Fuß an einen Gegenstand, der ein klirrendes Geräusch verursacht. Ich bücke mich, taste den Gegenstand ab und erkenne einen wunderschön verzierten Schlüssel. Als ich ihn vor meine Augen hebe, beginnt er warm und hell zu leuchten. Ich stehe in einem goldenen Lichtkegel. Da höre ich eine Stimme: »Ich bin der Schlüssel zum Paradies.« Augenblicklich verwandelt sich der Turm in ein helles Gewölbe. Über mir bilden sich bunte Fenster. In den Raum schickt die Sonne breite Bahnen, in denen Staubteilchen tanzen.

Nun weiß ich es: Für einige Zeit hatte ich meinen Schlüssel zum Leben verloren. Ich brauchte mich jedoch nur zu bücken und ihn aufzuheben. Doch vorhanden – vorhanden war er die ganze Zeit.

Margrit Böschemeyer

17. Dezember
Ich-Ich-Ich

Im Traum befand sich ein Mann auf einer Wanderung, die ihn am Fluß seines Lebens entlang zurück zu seiner Quelle führte. Obwohl er alle Gegenden gut kannte, erschienen sie ihm aus seiner nächtlichen Sicht weniger vertraut. Ihm war, als hätte er die Landschaften nur in einem Buch besehen. Dieses Gefühl änderte sich jedoch in dem Augenblick, in dem der Weg ins Kinderland führte. Dem Träumer wurde leicht ums Herz. Er begann zu singen. Die bisher eher dunklen Fluten wurden hell, und über dem ganzen Land leuchtete ein Regenbogen.
Er ging zurück in das Gebiet, in dem das Wasser dunkler zu werden begann, und erschrak. Er sah, daß mehrere Schmutzwasserrohre in seinen Fluß geleitet worden waren. Noch mehr erschrak er, als er auf dem größten Rohr seinen eigenen Namen fand mit dem Wort darunter: Ich-Ich-Ich.

U.B.

18. Dezember
Der Weg zum vergessenen Mitgefühl

In seinem »Weihnachtsmärchen« erzählt Charles Dickens vom reichen, aber geizigen und kaltherzigen Mr. Scrooge, der nicht mehr lächeln und den kein Leid mehr erreichen konnte. In einer Weihnachtsnacht wurde er von drei guten Geistern besucht, dem Geist der Vergangenheit, der Gegenwart und der Zukunft.

Der Geist der Vergangenheit führte ihn in seine alte Schule. Da sah er im Schein eines schwachen Feuers einen ärmlich aussehenden Jungen an einem Pult sitzen. Dieser Junge war er selbst. Und da, bei der Wiederbegegnung mit der eigenen, doch längst vergessenen Armut, wurde das Herz des Geizhalses von jenem Mitgefühl angerührt, das er so lange anderen vorenthalten hatte.

19. Dezember
Wer ist arm, wer ist reich?

Scrooges Neffe, ein ebenso hübscher wie heiterer Junge, besuchte den griesgrämigen Onkel und wünschte ihm »Frohe Weihnachten!«

Scrooge fragte ihn, welches Recht er denn habe, froh zu sein, da er doch arm sei. Darauf gab ihm der arme Neffe die denk-würdige Antwort, welches Recht er, der Onkel, denn habe, mürrisch zu sein, da er doch reich sei.

20. Dezember
Das Kind in sich zulassen

Vom Menschenkenner aus Nazareth stammt die Weisheit, daß Menschen wie die Kinder sein sollten: eindeutig, leicht und offen dem Leben gegenüber, dem eigenen ebenso wie dem der anderen.
Vom Geist der Vergangenheit an die Stätten der Kindheit geführt, wurde der verhärtete Scrooge selbst wieder zum Kind und spielte ausgelassen mit seinen alten Kameraden. Und da begriff er, wie gut das tut, dann und wann wieder ein Kind zu sein – vor allem an Weihnachten, an den Tagen also, an denen der Gründer dieses Festes selbst noch ein Kind war.

21. Dezember
Woher die Fesseln kommen

Scrooge fragte den Geist seines verstorbenen Geschäftspartners Marley, warum er gefesselt sei. Die Antwort auf diese Frage war beunruhigend und herausfordernd zugleich:
»Ich trage die Kette, die ich mir im Leben schmiedete . . . Ich schmiedete sie Glied für Glied und Elle für Elle, gürtete sie aus eigenem freien Willen um, und aus eigenem freien Willen trug ich sie. Ist das Muster dir fremd?«

22. Dezember
Verantwortung für die Nachgeborenen

Der Geist der Zukunft befahl Scrooge, zwei Kinder anzusehen, einen Jungen und ein Mädchen, zwei magere, zerlumpte Gestalten mit einem finsteren Gesicht, zwei Kinder als Schatten ihrer Möglichkeiten.
Scrooge fragte den Geist, ob die Kinder ihm gehörten. Da antwortete er, die beiden seien die Kinder der Menschheit, die Klage gegen ihre Väter führten, und fügte hinzu: »Dieser Knabe ist der Mangel, dieses Mädchen die Unwissenheit. Hüte dich vor diesen beiden und ihrer ganzen Sippschaft, besonders aber vor diesem Mädchen, denn auf ihrer Stirn lese ich eine Schrift, die das Urteil der Verdammung spricht, wenn sie nicht ausgetilgt wird.«

23. Dezember
Lebenswege – Lebensziele

Nachdem der Geist der Zukunft dem geizigen und kaltherzigen Scrooge höchst eindrucksvoll sein Sterben und seinen Tod vor Augen geführt hatte, begann Scrooge zu begreifen, daß die T a t e n eines Menschen unvermeidlich zu den ihnen entsprechenden Z i e l e n führen. Doch auch dieses begann er zu verstehen: daß eine Ä n d e r u n g der Lebenswege auch den Ausgang eines Lebens verändern kann.

24. Dezember
Die Revolution

In dieser Nacht
verließen die Sterne ihre angestammten Plätze
und zündeten Lärmfeuer an
überschallschnell
In dieser Nacht
verließen die Hirten ihre Arbeitsstellen
und schrien sich in die verkrusteten Ohren
die neuen Parolen
In dieser Nacht
verließen die Füchse die wärmenden Höhlen
und der Löwe wiegte den Kopf
»das ist das Ende
der Revolution«
In dieser Nacht
liefen die Rosen der Erde davon
und fingen das Blühen an
im Schnee

Dorothee Sölle

25. Dezember
Der Traum des Hirten

In der Heiligen Nacht hatte der Hirte, der als erster den Verkündigungsengel gesehen hatte, einen Traum:
Er sah eine riesige Menschenmenge in einem weiten Kreis auf den Höhen von Bethlehem stehen. Bei näherem Hinsehen erkannte er, daß die Menschen aus allen Ländern der Erde zusammengekommen waren. Jeder einzelne war damit beschäftigt, bestimmte Dinge auf einen immer größer werdenden Haufen in der Mitte des Kreises zu werfen. Neugierig näherte sich der Träumer dem Haufen und erkannte, daß sich die Menschen ihrer Waffen, Messer, Stöcke und vieler kleiner Kästchen mit schrecklichen Worten entledigten. Als der letzte Mensch weggeworfen hatte, was er nicht länger tragen wollte, brach ein unbeschreiblicher Jubel aus, der in das Lied vom Großen Frieden einmündete. Und da war keiner, der nicht mitgesungen hätte.
Nach dem Lied trat eine große Stille ein, wie die Erde sie wohl nie zuvor erlebt hatte. Und in diese Stille sprach der Engel, der dem Hirten wenige Stunden zuvor schon einmal begegnet war, das Wort: »Diesen Frieden könnt ihr haben. Diesen Frieden könnt ihr haben. Diesen Frieden könnt ihr haben.«

U.B.

26. Dezember
Was in jener Nacht sonst noch geschah

Als der Engel den Hirten von Bethlehem die Glücksbotschaft von der Geburt des Messias ankündigte und bald darauf das große himmlische Heer das überwältigende Gotteslob anstimmte, bemerkte kaum jemand, was auch noch geschah:
In jener Nacht blühten verdorrte Bäume, füllten ausgetrocknete Flußläufe sich mit Wasser, fanden gefangene Tiere Wege in die Freiheit. Vor allem aber geschah dies: In jener Nacht begannen die Engel, die nicht zum großen Chor gehörten, eine Bahn zu bauen – von der Mitte des Himmels bis zur Mitte der Erde. Von einem jener Engel weiß man, daß seit jener Nacht der Mensch die »Straße des Lebens« sehen kann, der sie mit seinen inneren Augen sucht.

U.B.

27. Dezember
Engel?

Ob es Engel gibt?
Darüber streitet nur, wer seine innere Welt nicht kennt und seine Träume nicht wahrhaben will.
In Bildreisen durch die innere Welt erscheinen sie zum Beispiel dann, wenn dem »Wandernden« Gefahr droht, wenn er vor einer Entscheidung steht oder an einem wunderschönen Ort verweilt.
Die Engel fragen nicht danach, ob der Mensch, dem sie erscheinen, sie für wahr hält oder nicht. Sie handeln einfach an ihm.

U.B.

28. Dezember
Das Wichtigste kann bleiben

Als das Quellwasser seinen Weg durch das dunkle Erdreich gefunden und zum ersten Mal die helle Welt erblickt hatte, war es von seiner eigenen Freudenwelle überspült worden. Wie heiter würde es sein, alle Schönheiten des Lebens aus der Nähe kennenzulernen – so hatte das Quellwasser gedacht. Das Land war ihm so hell und klar erschienen, wie es sich selbst gesehen hatte.
Als das Wasser seinen Lauf vollendet hatte und ins Meer hineingeflossen war, hatte es längst die ursprünglichen Hoffnungen vergessen. Alles war ganz anders gekommen. Schon bald und immer wieder hatten sich kleinere und größere Gewässer zu ihm gesellt und Schmutz in sein einst klares Wasser gegossen. Von der ursprünglichen Quellwasserfarbe war wenig übriggeblieben. Und doch: Die Freude an seinem Lauf hatte es nie verloren, denn es hatte nie – seine Lebendigkeit verloren.

U.B.

29. Dezember
Wenn Neues entstehen soll

Ein Mann, der sich einerseits nach einer Frau sehnte, andererseits »aus beruflichen Gründen keine Zeit« dafür hatte, sich um eine Frau zu bemühen, hatte diesen Traum: Er stand am Rande einer Waldlichtung, die von der Sonne in ein warmes Licht getaucht war. Sein Blick fiel auf zwei Gruppen von Kühen: Die einen, jung, gesund und kräftig, standen in einem kleinen See, in dem sich ihre großen Leiber spiegelten. Die anderen, alt, kränklich und abgemagert, verließen die Lichtung und wandten sich der Dunkelheit des Waldes zu. Da hörte er eine Stimme, die zu ihm sagte: »Wo Neues entstehen will, muß Altes sterben.«

30. Dezember
Der neue Himmel und die neue Erde

Dann sah ich einen neuen Himmel und eine neue Erde; denn der erste Himmel und die erste Erde sind vergangen, auch das Meer ist nicht mehr.
Ich sah die heilige Stadt, das neue Jerusalem, von Gott her aus dem Himmel herabkommen; sie war bereit wie eine Braut, die sich für ihren Mann geschmückt hat.
Da hörte ich eine laute Stimme vom Thron her rufen: Seht, die Wohnung Gottes unter den Menschen! Er wird in ihrer Mitte wohnen, und sie werden sein Volk sein; und er, Gott, wird bei ihnen sein.
Er wird alle Tränen von ihren Augen abwischen: Der Tod wird nicht mehr sein, keine Trauer, keine Klage, keine Mühsal. Denn was früher war, ist vergangen.
Er, der auf dem Thron saß, sprach: Seht, ich mache alles neu. Und er sagte: Schreib es auf, denn diese Worte sind zuverlässig und wahr.

Aus der Traumvision des Johannes

31. Dezember
Die Wünsche der beiden Jahre

Als sich das alte und das neue Jahr berührten, waren beide innerlich sehr bewegt. Das neue sagte zum alten: »Ich wünsche dir, daß irgendwann einmal deine hellen Tagen sich mit den dunklen so verbinden werden, daß daraus ein kraftvolles buntes Bild entsteht.«
Das alte Jahr ließ diese guten Worte auf sich wirken und sagte dann zum neuen:
»Ich wünsche dir,
daß du jeden deiner Tage so begrüßt,
als wäre
ein jeder für sich
das ganze Leben.«

U.B.

Quellenhinweise

H.C. Andersen, Märchen, Berlin 1938
W. Ahrens/H.-M. Braun, Der Große Weiße Büffel, Freiburg i.Br. 1993
R.Bach/R. Munson, Die Möwe Jonathan, Frankfurt a.M./Berlin 1983
T. Bartos, Zigeunermärchen aus Ungarn, Frankfurt a.M. 1976
L. Bechstein, Märchen und Sagen, München 1954
U. Böschemeyer, Gespräche der Freude, Lahr 1994
ders., Gespräche der Geborgenheit, Lahr 1994
ders., Gespräche des Herzens, Lahr 1994
ders., Gespräche der Liebe, Lahr 1994
ders., Gespräche des Mutes, Lahr 1994
ders., Vom Typ zum Original, Lahr 1994
ders., Die große Liebe leben, Lahr 1994
ders., Sprache der Träume, Lahr 1994
Berthold Brecht, Gesammelte Werke 11, Prosa 2, Frankfurt a.M.
Bukkyo Dendo Kyokai, Die Lehre Buddhas, Tokyo 1986
C. Dickens, Weihnachtsmärchen, Berlin 1992
M. Ende, Die unendliche Geschichte, Stuttgart 1979
ders., Momo, Stuttgart/Wien 1973
W. Erk (Hrsg.), Hoffnungstexte, Stuttgart 1986
U. Ewig (Hrsg.), Deutsche Volksmärchen, Frankfurt a.M. 1960
R. Faller, Träume deuten, Ulm 1983
H.-C. Flemming, Blätter vom fliegenden Märchenbuch, Stuttgart 1984
Fynn, Anna schreibt an Mr. Gott, Bern/München 1987
W. Michael Gear/K.O. Gear, Im Zeichen des Wolfes, Wien 1991
K. Gibran, Der Narr, Olten/Freiburg i.Br. 1981
ders., Sand und Schaum, Olten, 1986
L. Graf u.a. (Hrsg.), Die Blumen des Blinden, München 1983
Brüder Grimm, Märchen, Berlin 1937
W. Grüninger/E. Brandes (Hrsg.), Atempausen, Stuttgart 1978
H. Halbfas, Der Sprung in den Brunnen, Düsseldorf 1988

W. Hauff, Märchen, Berlin 1939
J.P. Hebel, Schatzkästlein des rheinischen Hausfreundes, Berlin 1943
G. Heinz-Mohr, Weisheit aus der Wüste, Hamburg 1959
H. Hesse, Die Märchen, Frankfurt a.M. 1975
ders. (Hrsg.), Morgenländische Erzählungen, Baden-Baden 1980
F. Hetmann, Irische Märchen, Frankfurt a.M. 1977
I. Hoepfner (Hrsg.), Märchen aus Persien, Frankfurt a.M. 1992
H. Huber, Menschen, Märchen, Mythen, Asendorf 1990
E. Jelde, Märchen der Welt, München 1956
L. Juchli, Heilen durch Wiederentdecken der Ganzheit, Stuttgart 1988
F. Kafka, Tagebücher, Frankfurt a.M. 1989
F. Karlinger (Hrsg.), Märchen griechischer Inseln und Märchen aus Malta, Reinbek 1993
V. Kast, Paare, Stuttgart 1984
L. Kincaid/G. Fischer, Mein großes Fabel- und Geschichtenbuch, Erlangen 1983
M.L. King, Mein Traum, Gütersloh
H. Körner, Die Farben der Wirklichkeit, Fellbach 1984
H. Körner/R. Kübler, Wieviele Farben hat die Sehnsucht, Fellbach 1988
G.E. Lessing, Sämtliche Schriften, Bd.1, 1886
M. Lurker, Wörterbuch der Symbolik, Stuttgart 1991
G. Mensching, Leben und Legende der Religionsstifter, Darmstadt/Baden-Baden/Genf
N. Peseschkian, Positive Psychotherapie, Frankfurt a.M. 1985
ders., Auf der Suche nach Sinn, Frankfurt a.M. 1986
K. Schnelting (Hrsg.), Hilfe, ich träume, Mainz/München 1984
D. Sölle, Meditationen und Gebrauchstexte, Berlin
S. Sommerkamp, Die Sonnensuche, Freiburg i.Br. 1990
G. Schwab, Sagen des klassischen Altertums, München
K. Thomas, Träume selbst verstehen, Stuttgart 1972

Stichwortverzeichnis

M

N

O

Die Reihe umfaßt folgende Jahrbücher:

Uwe Böschemeyer
Das Leben meint mich

Dr. Uwe Böschemeyer, der bekannte Autor, Menschenkenner und Existenzanalytiker, zeigt eindrucksvoll, daß jedes Leben gelingen kann. Er nennt die Feinde des Lebens deutlich beim Namen und macht Mut, den ganz persönlichen Weg zu Erfüllung und Sinn konsequent zu gehen.

Knud Eike Buchmann
Leben heißt wachsen

Knud Eike Buchmann, Prof. für Psychologie, Therapeut, Managementtrainer und Sportler, gibt in diesem Jahrbuch Hilfen, Wachstum und Reifen selbst zu beeinflussen und zu fördern.
Täglich fünf Minuten »Gymnastik für die Seele« können helfen, die eigenen Quellen sprudeln zu lassen.

Rainer Haak
Wir brauchen Lebenszeichen

Dieses Jahrbuch schenkt einen neuen Blick für die vielen guten Möglichkeiten des Lebens. Wer täglich Augen und Herz für Zeichen des Lebens öffnet, wird bald auch selbst solche Zeichen setzen – und eindeutig auf der Seite des Lebens stehen.

Uwe Böschemeyer
Zu den Quellen des Lebens

Dieses Buch enthält für jeden Tag des Jahres eine Geschichte, die die Seele berührt. Alle Texte geben Auskunft über das Wesen des Menschen und weisen auf Werte hin, die Leben gelingen lassen. Das Jahrbuch führt immer wieder zu den schöpferischen Quellen des Menschen und weckt dort ungeahnte innere Kräfte und Möglichkeiten.

Alle Titel lieferbar als gebundene Ausgabe und Paperback.

4. 11. gr Liebe
= Perlensuch

< 6.7.

6.8.